AF314803

MADEMOISELLE

DE LA VALLIÈRE.

PARIS. — IMPRIMERIE DE BOULÉ ET COMPAGNIE,
rue Coq-Héron, n° 3.

MADEMOISELLE

DE LA VALLIÈRE

DRAME EN CINQ ACTES, EN VERS,

PAR

M. ADOLPHE DUMAS,

REPRÉSENTÉ POUR LA PREMIÈRE FOIS
SUR LE THÉATRE DE LA PORTE-SAINT-MARTIN,
LE 15 MAI 1843.

PARIS,

C. TRESSE, ÉDITEUR,
PALAIS-ROYAL, GALERIE DE CHARTRES, Nᵒˢ 2 ET 3.

1843.

Ce drame n'avait eu que l'humble ambition d'être un drame. Il a été cité *in cathedra*, pour répondre devant une Sorbonne de docteurs de toutes sortes. Pauvre drame, qu'allait-il faire dans cette Sorbonne?

Il faut le dire cependant : jamais peut-être, dans l'examen d'une œuvre dramatique, le savoir n'a mis autant de bienveillance. Les formes mêmes des reproches étaient toutes protectrices, à ce point que j'aurais regretté de n'avoir pas eu des torts, je n'aurais pas connu tous les amis que j'avais.

La question du public et du poète était plus simple. Le peuple ne va pas chercher si loin ses raisons d'être heureux ; il prend ce qu'on lui donne ; mais cette fois ce qu'on lui donnait était si peu selon ses habitudes, qu'il y avait tout à craindre pour Louis XIV à ce *jeu de paume* qu'on nomme le parterre de la Porte-Saint-Martin ; et pour le poète qui venait là se donner des airs de chez lui : Mon Dieu ! qu'il y a d'intelligence sous une casquette de dix-huit ans, et de cœur sous une blouse bleue.

Le lendemain, c'était plus grave. Celui-ci défendait la monarchie attaquée, celui-là la noblesse. Pour quelques vers bien innocens, le enfans mêmes de la Convention m'ont trouvé plus cruels que leurs pères ; sur mon honneur, je ne m'en doutais pas.

A prendre la chose au sérieux, il s'agit d'histoire et de vraisemblance historique; voyons. en bonnes gens qui ne sont pas plus ignorans les uns que les autres. s'il n'y a pas plusieurs manières de savoir les mêmes choses ou de les ignorer.

Si Molière, en 1664, avait dit dans le parc de Versailles aux d'Armagnac, aux d'Humières. aux Saint-Aignan, aux de Guise, aux Marcillac, travestis en baladins :

« Vos mœurs forment un poison qui gagne le peuple et les provinces, qui infecte tous les états, et qui donne à la licence un air de noblesse; qui substitue à la simplicité de vos pères et aux mœurs anciennes la nouveauté de vos plaisirs. de vos profusions, de vos indécences.

» D'où croyez-vous que naisse cette licence effrénée qui règne parmi les peuples ? Ceux qui vivent loin de vous. dans les provinces les plus reculées, conservent encore du moins quelque reste de l'ancienne simplicité et de la première innocence; mais plus les pays se rapprochent de vous, plus les mœurs changent, plus les abus sont communs, et le plus grand crime des peuples. c'est la science de vos mœurs et de vos usages ! »

Le poète qui l'aurait fait parler ainsi. au milieu d'un festin, eût passé pour un jeune homme qui ne sait pas l'histoire et les convenances dramatiques. C'est Massillon qui parle ainsi dans la chapelle de Versailles à Louis XIV et à sa cour.

Si Molière avait dit devant le cercueil de Louis XIV. au cinquième acte d'un drame :

« Hélas ! qu'est-ce que la jeunesse des rois? Une saison périlleuse, où les passions commencent à jouir de la même autorité que le souverain. et montent avec lui sur le trône; environné d'apologistes passionnés qui soufflent encore le feu de la volupté en donnant des titres d'honneur à la licence... enfin dans un siècle où le sexe, peu content d'oublier sa propre pudeur. semble même délier ce qui en reste encore dans ceux à qui il veut plaire... Et cependant, de l'exemple du prince, quel déluge de maux dans le peuple; ses mœurs forment les mœurs publiques ; tout devient la passion du souverain. Mais sortons de ces temps de ténèbres; périssent et soient à jamais effacés de notre souvenir. ces jours qu'il a effacés par ses larmes. et que le Seigneur a sans doute oubliés. »

Molière aurait passé pour un insensé. C'est Massillon encore qui parle ainsi, dans la Sainte-Chapelle, en 1714.

Pourquoi le théâtre serait-il moins sévère que la chaire après deux cents ans? Avons-nous peur des morts, plus que s'ils étaient vivans? Voilà la pensée de ce drame. Pourquoi ai-je choisi Poquelin? Demandez pourquoi Dieu l'a choisi pour être. hors de l'Eglise. le plus grand redresseur des faiblesses humaines.

Depuis trois ans, je me suis pris de bel amour pour Molière ; pour son génie d'abord sans égal, pour sa vie ensuite, toujours laborieuse et toujours contestée. Voici ce que je vis dans ce type des poètes, avec l'optique des poètes, bon ou mauvais :

L'amour, la poésie, la gloire acquise par le labeur opiniâtre et malgré la gloire elle-même, qui *sortait au second acte* de ses pièces, ennuyée du *Misantrope* ; l'humiliation dans une condition, au milieu des conditions les plus orgueilleuses ; l'amour souffrant, la gloire sifflée, un homme de bien méprisé, et l'ami du genre humain relégué dans une profession honteuse, à l'époque, comme celle du geôlier du Châtelet.

Je savais ce que j'allais trouver dans les biographes de Molière, depuis Grimarest, La Guérin, jusqu'à Bossuet. Voici ce que je trouvai dans mes complaisances amoureuses, car il faut aimer les poètes comme les femmes :

> Nous autres,
> Nous avons des devoirs plus humbles que les vôtres.
> Nous voyons, nous touchons, et du doigt et de l'œil,
> Ce monde si petit, qui n'est grand que d'orgueil.
> Un poète du peuple, un enfant né des halles,
> Voilà ce qu'on appelle un monstre de scandales.
> Eh bien ! Molière est fier d'être venu d'en bas
> Pour monter jusqu'à ceux qui ne descendent pas.
> Molière est né du peuple et rit en Démocrite,
> Comme la vérité, dans un monde hypocrite.
> Il a vécu, souffert, et c'est par là qu'il vaut ;
> Il a gravi l'échelle enfin de bas en haut.
> Comme un homme qui cherche un homme et qui promène
> Son flambeau, dans la nuit, sur chaque face humaine,
> Il a cherché le monde et l'a vu, mais bien laid ;
> Il n'était que le peintre et l'a peint comme il est :
> Orgueilleux, dédaigneux. cœur bas, nature fausse.
> Grand quand on est petit, petit quand on se hausse.
> Et lui, l'homme de rien, dans ce monde à changer,
> Ne pouvant le refaire, il veut le corriger.

Voilà le portrait que j'avais tracé pour moi, avant de faire un caractère pour la scène. Pour le reste, c'est-à-dire la ressemblance, il fallait plus que de la lecture : Molière est lu et écouté au théâtre et n'est pas connu ; vous aviez le poète, je voulais l'homme.

Les critiques éminens qui ont bien voulu reconnaître l'énorme danger d'un pareil travail, m'ont rendu plus de justice qu'ils ne pensaient et que je n'en demandais. Je n'avais pas écrit dix vers, je me suis arrêté un an devant une première ébauche.

Après Molière, ou plutôt en face de lui, comme deux beaux marbres blancs d'un carrefour de Versailles, je voyais une chaste Diane, déesse des amours cachés, qui vivent d'ombre, en pendant avec l'Apollon, dieu des vers et de la lumière.

O vous qui connaissez toutes les tentations de la solitude et de la méditation, vous savez si le cœur a ses analogies comme l'esprit, et combien se ressemblent les larmes qu'on répand sur des malheurs semblables. Isaac et Iphigénie sont frère et sœur.

Je n'avais pas besoin d'aller chercher si loin Louise de la Vallière ; je n'avais ni époques historiques à confondre, ni mers à traverser. D'un poëte à une femme, il n'y a jamais bien loin ; il ne faut qu'une occasion. — Sous les bosquets de Versailles, La Vallière est assise avec Louis, Molière est assis seul et travaille à la *Princesse d'Elide.* Vous croyez qu'elle ne lui parlera pas, qu'elle ne l'écoutera pas, surtout si elle le voit pleurer et pleurer d'amour?

C'est comme si vous disiez que Mme de Montespan est étrangère à l'auteur de *Bérénice,* et n'aime pas un peu son poëte de cette admiration où il y a tant d'amour... *Invitus, invitam.*

Mais l'histoire n'en dit rien, ni Saint-Simon, ni Bussy, ni d'Angeau, ni même Laporte, c'est vrai : c'est qu'elle l'a oublié ; elle oublie tant de choses pour le romancier et pour le poëte. Et c'est précisément dans ces recoins cachés que sont les petites vérités qui composent la grosse vérité historique. — On l'a dit, et en ce sens c'est absolu, le poëte est obligé à beaucoup plus ; il doit mieux savoir que l'historien pour que son œuvre soit plus vraie que l'histoire, demandez à notre maître M. Villemain. Et quand vous croyez qu'il invente, il n'a fait que trouver ce que vous ne cherchiez même pas : Ποιητες pour les anciens, *trouvère* pour nous.

Une femme, un poëte, la poésie et l'amour sacrifiés; par qui! par les mœurs du temps et l'ignorance des hommes. Voilà des torts, des fautes et des actions coupables, voilà ce drame, avais-je le droit de l'écrire ? Le poëte a toujours le droit de faire juger les morts par les vivans.

Derrière ces événemens, comme derrière tous les événemens humains, j'ai placé Dieu, qui laisse faire et attend. Le prêtre traverse trois fois l'action, comme la justice qui arrivera tard, mais qui doit arriver. — C'est un procédé fort ancien que d'élever les yeux des hommes qui souffrent, un peu plus haut que le toit de leur maison. Et le procédé est nouveau, qui les désespère dramatiquement et ne les console plus. Ce drame devait avoir un prêtre entre un poëte qui meurt et une femme qui se voue à Dieu. Ai-je eu tort de choisir Bossuet? Il ne fallait pas moins que lui, pour dire la vérité d'aussi haut à Louis XIV.

Louis XIV, Bossuet, La Vallière, Molière, voilà les quatre principaux caractères de ce drame, Santa Fior n'en est qu'une fantaisie.

Avant de les grouper, je les avais modelés sur nature ; Louis, jeune et violent. L'élève de Mazarin, échappé des mains de son maître ; avec sa mauvaise éducation, qu'on ne répare pas, même quand on est roi de France. Fatigué de sa minorité, voulant être tout par lui-même à vingt ans ! Passionné. colère, homme de tête, plus encore entêté ; brutalisant le parlement, sa mère, sa femme, son frère : mais l'élève de M. de Péréfixe à qui son précepteur avait enseigné malgré lui les faiblesses de Henri IV. Aimant les femmes pour elles aujourd'hui, pour lui demain ; après demain, ni pour lui ni pour elles, et n'ayant plus besoin de Louise. notre sainte d'amour, que, pour lui parer la Montespan à certaines heures, pendant que la reine Marie-Thérèse pleure son veuvage et son abandon dans les bras d'Anne d'Autriche. Louis enfin qui répond à sa mère, à la première remontrance : *Ma mère, prenez garde, j'aurai raison de ceux qui veulent me faire pièce.*

La Vallière, aimante d'un amour qui n'est peut-être que de la tendresse ; craignant jusqu'à son bonheur, tant elle y croit peu, et qui sous le voile et sur la cendre a fait dire à Mme de Sévigné : *Elle a fait cela, comme tout le reste, d'une manière charmante.* Qui dit d'elle-même : « Si les rigueurs du cloître me semblent dures, je me rappellerai ce que ces gens-là m'ont fait souffrir. » — Et de son enfant mort: « Il n'est pas temps de pleurer sa mort, je n'ai pas encore assez pleuré sa naissance. » — Louise enfin, qui ne peut plus même, avec ce caractère de sainte femme, réveiller son amant, endormi sur le sopha d'une courtisane mariée, et qui *partira*, elle. Louise de la Miséricorde, comme autrefois Marie Mancini, comme depuis, toutes les autres.

Molière qu'on ne connaît pas, et qu'il faut retrouver dans des *on dit* et des anecdotes ; dont il faut chercher le cœur sous quelques vers du *Misantrope* : bon, simple. aimant. raisonneur dans ses écrits; mais sans raison pour lui-même. Malheureux d'une Agnès, écrivant Arnolfe ; souffrant d'une Célimène. écrivant le *Misantrope*, et donnant raison à Philinte ; enfin, quelque chose d'inexplicable pour vous, si vous ne savez pas que cette nature triste dépend d'un génie comique. qui ne lui permet pas même de faire un vers élégiaque pour se soulager :

> Pleurez, nymphes de Vaux. faites croître votre onde :
>> Oronte est malheureux !

lui est défendu plus qu'à La Fontaine. Vous ne trouverez pas dans tout Molière. *Oronte est malheureux*, pleurez nymphes de Vaux ! Molière me semble un patient à la torture ; c'est un homme dévoré par un singe (pardon pour sa muse !). ce qui fait qu'il a ri des maris trompés toute sa vie, et pleuré ces larmes humaines que vous connaissez, dans un épanchement avec Chapelle sous les ombrages du *jardin d'Auteuil*.

« Si vous saviez ce que je souffre, vous auriez pitié de moi. Ma passion est venue à un tel point qu'elle va jusqu'à entrer en compassion avec ses intérêts (La Béjard), et quand je considère combien il m'est impossible de vaincre ce que je sens pour elle, je me dis en même temps qu'elle a peut-être les mêmes difficultés à détruire le penchant qu'elle a d'être coquette, et je me trouve plus disposé à la plaindre qu'à la blâmer. Vous me direz qu'il faut être poète pour aimer de cette manière. Pour moi, je crois qu'il n'y a qu'une sorte d'amour ; n'admirez-vous pas que tout ce que j'ai de raison ne serve qu'à me faire connaître ma faiblesse sans en pouvoir triompher. » —Je passe le reste ; vous savez le poète, voilà l'homme.

Ce n'était pas assez, Molière devenait double alors. Après l'avoir dépouillé de son manteau, il fallait en revêtir je ne sais quoi, qui fût encore lui, l'autre moitié de son génie. — A côté du Misantrope il manquait Sganarelle, Mascarille et Scapin, ou bien Molière n'avait qu'un côté.—De là Santa Fior, qui, dans ce drame, n'est que son reflet comique.

> Scapin de Montauban, son homme de service
> Quand il fallait bien rire et châtier un vice.

Qu'est-ce que Scapin ? son nom est italien, son origine latine ; c'est le Dave, le Geta et le Formion de la comédie de Térence. Dans l'antiquité, c'était l'esclave rusé ; dans le dix-septième siècle, c'est le valet intrigant ; mais Molière n'avait rien ajouté au personnage que la rapière d'Arlequin. Scapin est donc une fiction comique, mais une fiction. Scapin donné, inventer Santa Fior : d'une idée j'ai fait un homme.

Le marquis de Santa Fior a été accepté comme une réalité, il a maintenant droit de vie. La critique, qui se pique d'histoire, s'est étonnée de la fortune de ce personnage et de ses succès à la cour. Sans parler de M. de Roquelaure, qui aurait scandalisé le marquis de Santa Fior lui-même, et de l'Angely, le fou du roi, je renvoie les curieux au 6e volume des œuvres de Louis XIV (édit. Paris, 1806), et à l'histoire de l'Italien *Primi*, qui dupa et joua M. de Vendôme, le président Rose, Mme de Soissons, Mme Henriette et le roi lui-même, et se rebaptisa trois fois, de Primi en Ammonio, d'Ammonio en Visconti, et de Visconti en comte de St-Mayol, et finit par la Bastille au mois de juillet 1682.

Scapin pouvait devenir Santa Fior dans un monde où l'intrigant *Primi* devint duc de Visconti. — Pauvres poètes, vous voilà condamnés par vos juges à vous donner raison.

Enfin, au dessus de tout ce drame et de toutes ces passions, la pensée providentielle. Bossuet, l'aigle de Meaux ; mais avec ses ailes repliées sous ses flancs, et comme celui de Jupiter, endormi sur sa foudre. Le public des théâtres aime peu les théologiens, mais il aime les hommes de devoir quand ce sont des prêtres qu'on ne lui défigure plus. J'ai laissé le docteur de Leibnitz et de Jurieu ; je n'avais besoin que du directeur de Mlle de La Vallière, qui peut dire au roi :

« Otez de votre cœur non-seulement le péché, mais la cause qui vous y porte. Votre Majesté ne croirait pas s'être assurée d'une place rebelle tant que l'auteur du mouvement y demeurerait en crédit. Ainsi, jamais votre cœur ne sera paisiblement à Dieu, tant que cet amour y règnera. »

Et qui penche jusqu'à la fin pour sa sœur de la Miséricorde :

« Elle ne respire plus que la pénitence (à M. de Bellefonds), je vous écris de sa chambre ; elle persévère avec une grâce et une tranquillité admirables. Sa retraite aux Carmélites leur a causé des tempêtes ; il faut qu'il en coûte pour sauver les âmes. » — Comme il dira dans le drame :

> Et j'ai fait avec Dieu, les anges sont témoins,
> Une sainte de plus, une femme de moins.

Maintenant, ces caractères ainsi établis, sur des volumes de notes, qu'il ne faut pas multiplier : Molière, le génie et l'amour malheureux ; La Vallière, aimante et méprisée ; Louis XIV, près de leur dire : *Vous, c'est moi, comme l'état* ; et Bossuet rétablissant l'ordre dans tout ce désordre.

Est-il permis au poëte, quel qu'il soit, d'inventer les situations et les accidens de son drame, où bon lui semble, et comme il l'entendra, pourvu que ses caractères ne se démentent pas. — Personne n'en doute.

Je dois ici de nouveaux remercîmens aux hommes de la presse ; ils savaient trop bien, comme tout le monde, les choses et les hommes historiques, pour ne pas me faire les honneurs de ce que nous avons tous appris. On ne m'a pas accusé d'ignorance (on l'a fait pour de plus savans et je ne m'en serais pas blessé), on ne m'a reproché que mes résolutions, mon parti pris, et le bon marché que je fais de quelqu'un quand je veux prouver quelque chose. C'est une nouveauté que cette politesse des lettres, qui semble un retour vers une urbanité dont on se dispense trop souvent, et je suis fier, non pas du peu que j'ai fait, mais d'avoir été un des premiers, peut-être, l'objet de jugemens sans colères, et de justices sans haines.

Je demande pardon pour toutes mes préoccupations ; il me semble que je me justifie d'avoir fait des hommes et non des portraits de famille ; d'avoir cherché le cœur humain enfoui sous les mœurs d'une époque et d'avoir dérangé, que sais-je ! des vanités, quelques inscriptions, quelques blasons, quelques dates, peut-être, en fouillant dans ce tombeau des morts, qu'on appelle l'histoire. C'est pourtant ce qu'ont fait tous mes maîtres, et jugez de mon embarras, quand pour si peu de chose, je suis obligé d'invoquer le témoignage de Sophocle, de Shakespeare, de Schiller et de Corneille. Sous la protection de ces grands aïeux de tous les poètes, si chétifs qu'ils soient, j'aurai le courage de réclamer pour l'absolu vrai, l'absolu beau, l'absolu bon et l'absolu juste. Je sais bien que c'est de l'école d'Athènes et que Platon lui-même m'a aidé un peu à mal faire ; mais, enfin, j'avoue tous mes torts, pourvu que les poètes et les sages aient eu raison. — Convenons-en, un peu moins de chicane et plus de bonne foi : les arts ne peuvent pas se passer d'idéal ; et quant à l'invention, qui nous rend, à vos yeux, si coupables de ses œuvres, laissez-lui quelque chose de plus que la vérité, c'est encore un maître qui le veut. Qu'est-ce donc que *ce monstre odieux, qui par l'art imité peut plaire à tous les yeux*, si ce n'est la fiction vraisemblable ? Que voulez-vous de plus ; voilà Despréaux qui donne la main au *monstre odieux*. — Donnez-nous la vôtre, elle ne coûtera pas davantage à votre raison ni à votre bon goût.

Du reste, le succès de ce drame semble avoir répondu pour l'auteur ; savez-vous à quoi il faut l'attribuer, jamais au mérite absolu d'un ouvrage, toujours contestable, mais au sentiment public qui répond que vous ne l'avez pas trompé.

J'ai fini. — La Porte-Saint-Martin, pour donner asile à Molière, s'est transformée, dans les mains de MM. Cogniard, *en théâtre du petit Bourbon* ; il ne manque plus que le brevet, les talens y sont. Si les frères Cogniard me permettaient d'être indiscret, j'aurais bien des aveux à faire qui ne coûteraient rien à ma reconnaissance ; mais un bon service est mieux gardé dans le cœur d'un seul que dans une publicité trop grande.

Après la lecture de ce drame, l'un d'eux avait dit à l'auteur, en lui serrant la main : *Je ne puis pas vous exprimer combien je me sens honnête homme à la lecture de La Vallière.* Cet honnête homme l'a été jusqu'à la fin. Il ne m'est plus permis de louer la grande raison qui les a faits tous les deux mes directeurs, mais je dois publier bien haut leur sollicitude qui m'a fait leur ami.

Les artistes ont joué comme si leur talent eût aussi accompli un devoir. Frédérick-Lemaître a été digne de l'auteur du *Misantrope.* Si l'ombre de Molière est apparue dans cet auditoire, elle aura pleuré des larmes de Frédérick ; et ce n'est pas trop supposer : de tels génies s'évoquent l'un par l'autre.

Clarence a été le beau Louis des femmes de Versailles, et pour les artistes, il a été Sa Majesté : c'est le roi gentilhomme jusqu'à la grâce la plus parfaite.

Raucourt, qu'on ne connaît qu'à moitié, a donné à Santa Fior toute son intelligence, c'est-à-dire une des plus belles qu'il y ait au théâtre aujourd'hui ; il a fait, d'un personnage de fantaisie, une création réelle de son esprit, et vous savez ce qu'il en a.

Jemma a prouvé qu'il n'y a pas de second rôle pour un comédien du premier rang. Il fallait l'influence de son talent pour faire entendre au théâtre le langage sévère de Bossuet. Il était nécessaire que le public pût croire à l'acteur et à l'homme ; Jemma a eu ce double succès.

Ce que disait Mme de Sévigné, à propos de La Vallière, on peut le dire de Mlle Klotz : *Elle a fait cela, comme tout le reste, d'une manière charmante !* L'honnêteté sied bien dans les personnages honnêtes ; cette première grâce des femmes. Mlle Klotz l'a répandue sur tout son rôle. Ses études, où elle a mis une rare intelligence, méritent une attention sérieuse ; le succès n'est pas assez, il faut ajouter les prévisions et même les vœux : Mlle Klotz a devant les yeux un bel avenir, il ne dépend plus que d'elle de voir assez loin.

Mme Charton a dérobé sa modestie dans un personnage de second plan ; mais le public, qui la connaît, a su gré à l'auteur de lui avoir rendu Mme Charton de l'Odéon et du Théâtre-Français, avec tous ses souvenirs de bonne comédie. Elle n'est pas la seule jolie femme qui ait droit de se plaindre : Mlle Andréa, Mme Alberty, Mme Mévil, n'ont pu être que belles, et c'est la faute de l'auteur. Mais que voulez-vous ? dans la disette on fond les plus beaux joyaux pour en faire des lingots d'or. Ce drame a dévoré plus de jeunes femmes en une soirée que tous les monstres de la Fable.

Je voudrais n'oublier personne de ceux à qui je dois, ni M. Anatole Gras, ni M. Masquillier, qui disent les vers comme les poètes les font ; mais le succès de tous revient à chacun : c'est l'éloge à la fois du théâtre et des artistes, et c'est le public qui l'a fait : je n'arrive plus que le dernier pour le confirmer.

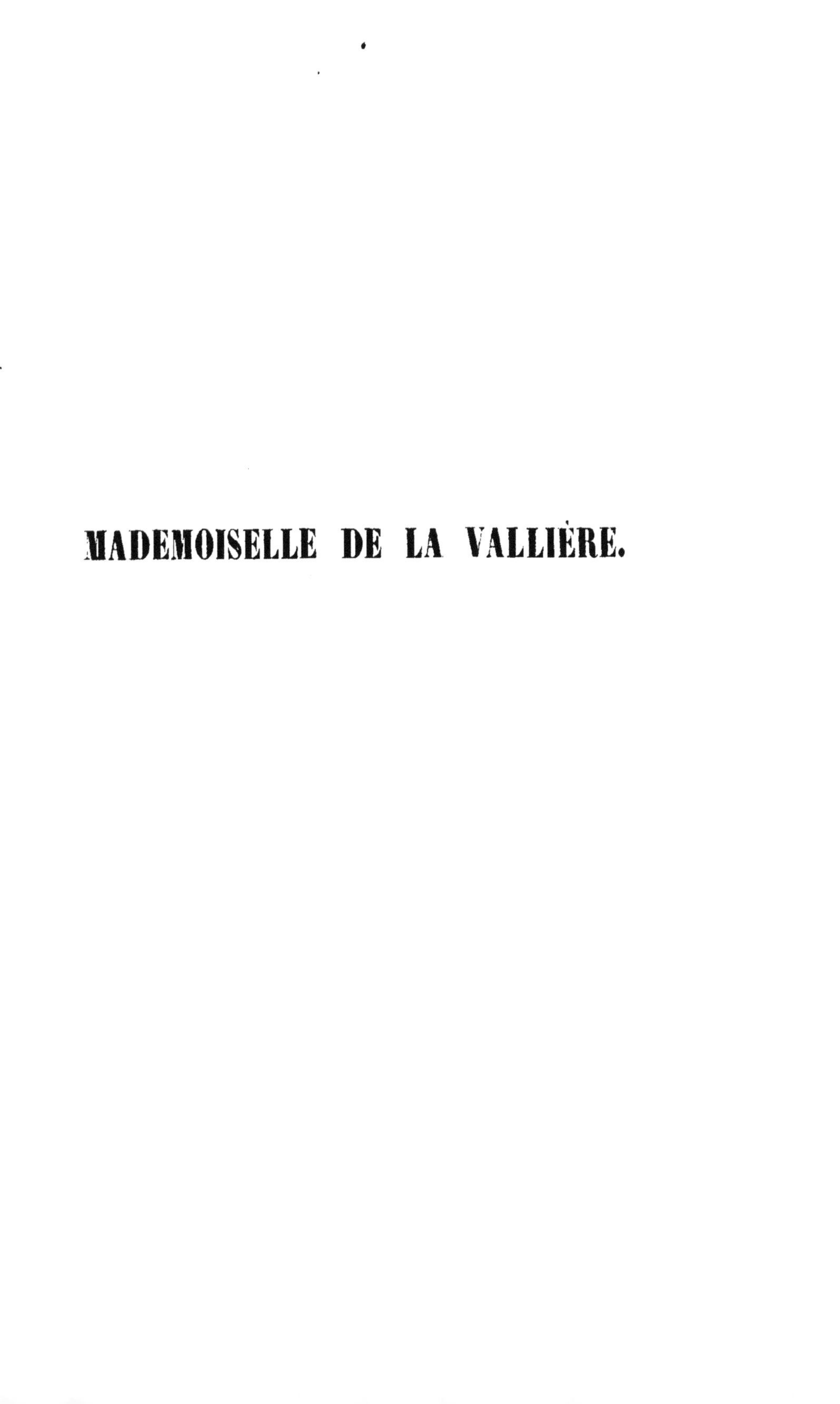

MADEMOISELLE DE LA VALLIÈRE.

PERSONNAGES.

LOUIS XIV......................	MM.	CLARENCE.
BOSSUET.....................		JEMMA.
MOLIÈRE....................		FRÉDÉRICK LEMAITRE.
LE MARQUIS DE SANTA FIOR.		RAUCOURT.
LE PRINCE DE MARCILLAC...		MASQUILLIER.
LE CHEVALIER DE GUISE......		ANATOLE GRAS.
L'AMBASSADEUR D'ESPAGNE..		HUET.
ANNE D'AUTRICHE, reine-mère....	Mmes	MÉVIL.
MARIE THÉRÈSE, reine de France...		PERSONNAGE MUET.
Mme HENRIETTE, duchesse d'Orléans.		ANDRÉA.
LOUISE DE LA VALLIÈRE.....		KLOTZ.
LA COMTESSE DE SOISSONS...		CHARTON.
ATHÉNAIS DE MORTEMAR, Mme de Montespan		ALBERTY.
Mme DE MOTTEVILLE.........		LUCIE ARMAND.
UN SEIGNEUR.................		NÉRAUT.
GENTILSHOMMES DE LA CHAMBRE....		JOLY. EUGÈNE. PIERRARD.
UN PORTEUR..................		MARCHAND.
HOMMES DU PEUPLE...........		LYONNET. ALPHONSE.
LA COUR, HOMMES ET FEMMES..		
LE PEUPLE DE PARIS.........		

MADEMOISELLE
DE LA VALLIÈRE.

ACTE PREMIER.

Un salon de 1660 chez la reine-mère à Saint-Germain ; à droite *, premier plan, une porte des appartemens de Mme de Navailles ; à gauche, une porte vitrée et le cabinet du roi ; au second plan, à gauche, les appartemens de la reine-mère ; au fond, une porte à deux battans ouvrant sur les salons de réception.

SCÈNE PREMIÈRE.

MADAME HENRIETTE, MADAME DE SOISSONS, LA VALLIÈRE, ATHÉNAÏS, SANTA FIOR.

Santa Fior est sur un genou, Mme de Soissons achève de lui nouer un mouchoir sur les yeux.

SANTA FIOR, à Mme de Soissons.

Avec vos blanches mains, vous frapperez trois coups.
(Il lui baise les mains.)

MADAME DE SOISSONS, après avoir frappé dans ses mains.

Marquis de Santa Fior, laquelle voulez-vous ?
(Elles tournent en jouant autour de lui.)

* Il faut toujours entendre la gauche ou la droite de l'acteur.

SANTA FIOR, debout.

Je choisis pour le roi.. .. c'est vous, chère comtesse.
Mᵐᵉ de Soissons a traversé ; — il prend la main de Mᵐᵉ Henriette.

MADAME DE SOISSONS, à gauche.

Marquis, vous vous trompez.

SANTA FIOR, abaissant le mouchoir.

Pardon, c'est votre altesse,
Madame.
Il tient la main de Mᵐᵉ Henriette.
MADAME HENRIETTE.

Eh bien ! tant mieux ; j'aime de tout mon cœur
Le roi, mon frère, et lui....

SANTA FIOR, s'inclinant.

Sans doute, aime sa sœur.

ATHENAIS.

Un amour de famille...

LA VALLIÈRE.

Une amitié de frère...

MADAME DE SOISSONS.

Cela ne compte pas.

SANTA FIOR.

C'est juste ; il faut refaire ;
Et d'abord convenons, il s'agit de savoir,
Avec les yeux bandés...

TOUTES, en même temps.

Et sans voir...

SANTA FIOR.

Et sans voir,
Laquelle de vous quatre
Bruit de voix chez la reine-mère, un silence. — On écoute ; il continue.
A surpris la première
Le cœur du roi.
Nouveau bruit.

Chut !

(On écoute de nouveau.)

Rien ; c'est chez la reine-mère.
Elle dit.... on lui dit les prières du soir ;
Ainsi c'est convenu.

MADAME DE SOISSONS.

Remettez le mouchoir.

SANTA FIOR, pendant qu'elles se parlent à voix basse et écoutent à la porte
de la reine-mère.

(A l'avant-scène.)

Si jamais vous avez une femme charmante,
Ne l'enfermez jamais, le meilleur vin fermente.
Si vous en avez quatre ensemble, par malheur,
Alors le mauvais fruit gâtera le meilleur.
Emprisonnez vos sœurs, vos femmes et vos filles
Dans des châteaux royaux, forts comme des bastilles,
Avec l'ennui, l'ennui grand comme Saint-Germain,
Vous n'avez pas tourné la clé dans votre main,
Le mal est fait ; le mal est irrémédiable,
Vous avez enfermé l'enfer... avec le diable.

(Elles reviennent toutes autour de lui.)

MADAME DE SOISSONS.

Eh bien !

SANTA FIOR, au milieu d'elles avec le mouchoir dans les mains.

Je suis à vous. — Plus qu'un mot : si le roi
N'était rien, qu'un marquis, Santa Fior, comme moi ;
S'il n'était pas Louis, votre amour idéale ;
Le lys épanoui sur la tige royale ;
L'héritier de l'Espagne un jour, avec un nom
Aussi grand que Stward, aussi grand que Bourbon,
Portant au petit doigt le joyau le plus riche
Et le plus riche anneau de la maison d'Autriche ;
Si Louis, jeune et roi, n'était pas jeune et roi,
Laquelle de vous quatre enfin l'aimerait ?...

LA VALLIÈRE, à part.

Moi.

TOUTES.

A quoi bon.

SANTA FIOR.

A ceci, puis j'ai fini, mesdames :
C'est qu'on ne sait jamais ce qu'adorent les femmes.

MADAME DE SOISSONS.

Allons, dépêchez-vous monsieur le grand penseur :
Le roi vient tous les soirs chez Madame, sa sœur,
Voilà le fait : il est amoureux ; de laquelle?
Il est toujours minuit quand il sort de chez elle.

SANTA FIOR, à l'oreille de Mme de Soissons.

C'est peut-être pour vous, comtesse de Soissons,
Et son amour revient... glaner sur ses moissons.

MADAME DE SOISSONS.

Taisez-vous.

SANTA FIOR.

Pur hasard.

MADAME HENRIETTE.

Pure galanterie.

MADAME DE SOISSONS, insistant.

Il a passé la nuit dans cette galerie ;
Quelqu'un faisait le guet.

SANTA FIOR, jouant l'incrédule.

Deux pour un rendez-vous ?

MADAME DE SOISSONS.

Et monsieur de Lauzun m'a dit que c'était vous.

SANTA FIOR, sans se déconcerter.

(Il rit.)
Alors voilà pourquoi madame de Navailles
Fait griller, jusqu'aux toits, tous les trous de murailles.
Le roi passe partout, — sur les toits ! Par bonheur
Il ne lui reste plus que les filles d'honneur.

Et voilà tout? Parbleu! le proverbe est vulgaire :
Au roi Louis le chaste, un fils... qui ne l'est guère.

MADAME DE SOISSONS.

Enfin l'une de nous, l'autre jour, laissa choir...

MADAME HENRIETTE.

Ce n'est pas moi.

ATHENAIS.

Ni moi.

LA VALLIÈRE, à part.

C'était moi.

MADAME DE SOISSONS.

Son mouchoir,
Il le prit, l'emporta.

SANTA FIOR, regardant La Vallière, qui dérobe son trouble.

C'est elle ; elle est charmante.

MADAME DE SOISSONS.

Comme eût fait un amant du présent d'une amante,
Et depuis il le garde...

SANTA FIOR, les yeux sur La Vallière, en lui renvoyant le double sens de
ses paroles.

Et le conserve, tel
Qu'un voile de la Vierge enlevé sur l'autel.
Savez-vous ce que c'est qu'un mouchoir d'une femme,
Humide des soupirs étouffés dans son âme
Et que, vingt fois le jour, l'amour silencieux
D'une amante a porté de sa lèvre à ses yeux,
Qu'on a pris en tremblant... dans une main tremblante.

(La Vallière est toute confuse. Il reprend froidement.)

Ah! vous avez raison, la preuve est accablante,
Et vous voulez savoir...

TOUTES.

Le nom de...

SANTA FIOR.

J'entends bien.

TOUTES.

Vous ne devinez pas?

SANTA FIOR. Il fait semblant de chercher.

Je ne devine rien.
A moins que... cependant... ou bien peut-être encore...
(Renvoyant ses paroles à La Vallière.)
Mais ce que je sais bien, c'est que le roi l'adore;
C'est qu'il vit à présent du bonheur de l'aimer,
C'est qu'il l'a dit cent fois...
(Il la rassure.)
Toujours sans la nommer.
Aussi...

UN HUISSIER, annonçant.

La reine-mère.

SCÈNE II.

LES MÊMES, LA REINE-MÈRE, MADAME DE MOTTEVILLE.

(Anne d'Autriche est appuyée sur le bras de Mme de Motteville qui tient dans
ses mains ses mémoires manuscrits; elle est en habits de deuil, qu'elle n'a
pas quittés depuis la mort du roi.)

ANNE D'AUTRICHE.

Excepté cette page,
Tout est vrai: vous avez raison; l'âge rend sage.

SANTA FIOR, au coin de la scène.

Il était temps; un piége à loup. Ah! tout va bien;
La Vallière sait tout, et les trois autres rien.
(Il sort.)

ANNE D'AUTRICHE, à Mme de Motteville.

La reine d'Angleterre était dans cette chambre,
Sans feu, pendant trois nuits, et des nuits de décembre,
Avec ses trois enfans couchés sur des grabats,

Et sans pain, oui, sans pain : la cour n'en avait pas.
Ah ! Condé fut un traître, il a beau s'en défendre,
Il a trahi deux fois, à Paris, puis en Flandre,
Toujours contre la France. Écrivez, sur-le-champ.

MADAME DE MOTTEVILLE.

Demain ; reposez-vous.

Elle la fait asseoir.

ANNE D'AUTRICHE.

Condé fut bien méchant,

Elle s'assied.

Ma chère Motteville.
(On s'assied autour d'elle à droite et à gauche et l'on s'occupe à des travaux
de mains, de broderies et de dessin.)

MADAME DE SOISSONS, bas à madame Henriette.

Allons, vite une histoire.

ANNE D'AUTRICHE.

C'est un tourment bien long qu'une vieille mémoire.

MADAME DE SOISSONS, à la reine-mère pour l'occuper.

Madame de Chevreuse est enfin de retour,
(La reine-mère curieuse et attentive.)
De retour à Paris, mais non pas à la cour :
Elle boude le roi : — l'autre jour, dans le monde,
Monsieur de Retz disait, en parlant de la Fronde,
C'est la guerre des sots. — Quelqu'un lui dit, pas mal,
Cum spiritu tuo, monsieur le cardinal.

ANNE D'AUTRICHE, toujours sombre.

Ah ! le coadjuteur de la guerre civile !

MADAME DE SOISSONS.

La duchesse a quitté le nom de Longueville.
Lasse de guerroyer, et par dégoût des camps.
Elle se fait novice à *Pont-Royal-des-Champs*.
On ne sait pas encor si c'est Dieu qui l'entraîne.
Ou bien monsieur le duc... ou monsieur de Turenne.

(Au bout de ses forces, à madame Henriette.)
Qu'allons-nous devenir si le roi ne vient pas ?
J'ai cru que c'était lui.
(On entend un roulement de tambours dans la cour du château.)

ANNE D'AUTRICHE.

Regardez.

LA VALLIÈRE, elle va voir et revient.

C'est en bas,
La garde du château.

ANNE D'AUTRICHE, avec des idées plus sombres.

C'était alors, mes filles,
La haine des foyers, la haine des familles,
Condé, d'Enghien, Beaufort, Chevreuse, d'Epernon :
Pour soulever le peuple, il suffisait d'un nom.
Guerre de coin de rue et guerre de main forte,
Guerre entre citoyens, guerre de porte à porte ;
Et quand on entendait le bruit de ces tambours,
Paris était à sang à tous les carrefours.

MADAME HENRIETTE.

C'était pendant ce temps la même chose à Londre.

MADAME DE SOISSONS, à part à Mᵐᵉ Henriette.

Madame, au nom du ciel, si vous allez répondre...

ANNE D'AUTRICHE.

Louis avait dix ans...

MADAME DE SOISSONS.

On nous promet demain...

ANNE D'AUTRICHE.

Le roi, dans mes genoux, pleurait à Saint-Germain.

MADAME DE SOISSONS.

On nous promet l'abbé Bourdaloue ; et, dimanche,
Votre abbé Bossuet, qui prendra sa revanche.
Paris n'est pas changé ; l'on s'aime et l'on se hait
Pour l'abbé Bourdaloue et l'abbé Bossuet.

Paris veut un jouet, un homme ou quelque chose :
Paris n'est pas méchant dans une bonne cause.

ANNE D'AUTRICHE.

Aime-t-on bien le roi ?

MADAME DE SOISSONS.

Ses meilleurs partisans
Sont les femmes, dit-on. — Jeune, — il a vingt-deux ans, —
Beau, bien fait, parlant bien ; enfin, c'est ce qu'on nomme,
Comme François Premier, un vrai roi gentilhomme.

ANNE D'AUTRICHE, avec satisfaction.

Ah !

MADAME DE SOISSONS.

Le roi des romans, le preux, le damoisel,
Qui ne rêve qu'amour, bal, chasse et carrousel.

ANNE D'AUTRICHE, grave.

Mais que dit-on du roi ?

MADAME DE SOISSONS.

Si galant pour les dames,
Que l'autre jour, au parc, seules nous le gardâmes
Jusqu'au soir; et, le soir, du parc à Saint-Germain,
Il marcha près de nous, le chapeau dans la main.

ANNE D'AUTRICHE.

Mais que dit-on enfin du roi, — du roi de France ?

MADAME DE SOISSONS, imitant le roi au parlement.

« Messieurs, je suis majeur, l'Etat n'a pas d'enfance ;
J'entends qu'on me respecte et qu'on respecte en moi
La royauté, Messieurs, plus vieille que le roi ! »
Voilà ce qu'on en dit, ce qu'il a dit lui-même
Au premier président :

(Imitant le roi.)

« Enfin, monsieur de Mesme,
Le parlement sait bien que l'Etat, c'est le roi,
Et non le parlement; et que le roi...

LOUIS.

C'est moi ! »

(Les deux bras appuyés sur la chaise de Mme de Soissons et à son oreille. Il est entré sans être aperçu.

MADAME DE SOISSONS.

Sire...

(Tout le monde se lève, excepté la reine-mère.— Il fait un signe, on se rassied.

SCÈNE III.

LES MÊMES, LE ROI, MOLIÈRE ensuite.

LOUIS.

La politique à Saint-Germain ! Ma mère,
Bonsoir.

(Il baise les mains de la reine-mère.)

ANNE D'AUTRICHE.

Bonsoir, Louis.

LA VALLIÈRE, à part.

Je l'ai vu la première !

LOUIS, à part.

Elle a levé les yeux !

(Il quitte son chapeau.)
Monsieur de Rabutin
Qui parle de l'amour en soldat libertin,
Molière qui poursuit des fâcheux par centaine,
Et Boileau qui défend un vers de La Fontaine,
Lauzun qui se marie et veut un régiment,
Et Grignan qui se plaint de son gouvernement,
Voilà la cour ce soir : j'oubliais la cohue ;
Saint-Germain est public, c'est la foire et la rue ;
Des présidens de cour comme s'il en tombait,
Et des ambassadeurs qui viendraient... du Thibet !
J'ai fini ma journée, enfin je me repose,
J'ai fait assez le roi, — faisons donc autre chose.

(Il se jette sur un siége à droite.)

MADAME HENRIETTE, lui montrant sa broderie.

Travaillez comme nous, sire; voyez, faut-il
A Votre Majesté, cette aiguille et du fil?...

LOUIS, se levant.

Oh! vous aussi, ma sœur; si nous faisons la guerre
Nous vous rapporterons de vos points d'Angleterre.
(Appuyé sur la chaise de madame Henriette.)
Que fera-t-on ce soir?...

MADAME HENRIETTE.

Sire, ordonnez.

LOUIS.

                              Ma foi,
J'abdique entre vos mains, je ne me sens pas roi.
(Il passe à madame de Soissons.)
Molière va venir; c'est lui qui va nous dire,
Avec l'air sérieux, comment on fait pour rire.
(Appuyé sur sa chaise.)
Demain spectacle et bal; le bal sera charmant.

MADAME DE SOISSONS, sans lever la tête.

Le roi dansera-t-il le divertissement?

LOUIS, penché vers sa mère.

Ma mère ne veut pas; demandez à la reine;
Je ne suis que le roi, ma mère est souveraine.

ANNE D'AUTRICHE

Hormis de certains jours.

LOUIS.

                    Les jours de passe-temps,
De chasse et de plaisirs; les jours où j'ai vingt ans
Et le cœur à l'amour, la tête à la chimère,
Et le sang espagnol que je tiens de ma mère.
(Il lui baise les mains.)

ANNE D'AUTRICHE, heureuse.

Louis, vous êtes bon; vous êtes un bon fils.

LOUIS, il se relève avec sa mobilité de caractère.

Madame de Soissons, tenez-vous les défis
Aux échecs ?

MADAME DE SOISSONS.

On ne prend pas le roi.

LOUIS, à part.

Trait de femme !
(A madame de Soissons.)
C'est juste, et c'est souvent le fou... qui prend la dame.

MADAME DE SOISSONS.

Je ne dis pas cela, sire.

LOUIS.

Oh ! dites.
(Derrière La Vallière.)
Voyons,
J'aperçois un dessin...
(Il se penche sur son épaule.)
Qui taille les crayons ?
Un lis ?

LA VALLIÈRE, levant la tête, toute tremblante.

Le lis royal.

LOUIS, à voix basse.

Bien faible, car il plie ;
On baiserait la main, tant la fleur est jolie.
(Il lui baise la main à la dérobée.)
(On entend de grands éclats de rire au fond.)
Ah ! ah ! ah ! — Ah ! ah ! ah !

LOUIS.

Quel bruit ! Quoi, qu'est-ce donc

UN HUISSIER.

Molière.

MOLIÈRE, sur la porte, en désordre.

Oui, comédien !
(Il s'aperçoit qu'il est chez le roi.)

C'est moi, sire, pardon.
(Il s'incline respectueusement.
On ne peut voir le roi, sire, sans se commettre
Avec tous les valets à la porte du maître.

LOUIS.

Calme-toi, Poquelin.

MOLIÈRE.

Oui, sire, Poquelin.
Ce nom vaut bien le nom d'un bâtard orphelin,
D'un duc dégénéré, d'un bourgeois gentilhomme.
Mon père est tapissier, mon père est un brave homme;
Et son fils fera voir un jour au plus moqueur
Que la noblesse vient de l'esprit et du cœur.
Mais qui m'excusera, sire?
(Il se jette aux pieds du roi qui le relève.)

LOUIS.

Une comédie
Où tu les fais siffler, tant qu'elle est applaudie.

MOLIÈRE.

Chaque fois que le roi me comble de bontés
Que je viens recevoir, sire, vos volontés,
On m'insulte à voix haute, on m'insulte à voix basse ;
On me jette le nom de mon père à la face.
Mon nom de comédien les fait rire de moi....
(Calme et souriant.)
Ne sont-ils pas aussi les comédiens du roi.

LOUIS, riant.

Eh bien ! Molière, il faut leur dire, à ton passage :
Messieurs, nous portons tous le fard sur le visage.
(A la reine-mère, en lui présentant Molière.)
Ma mère, Poquelin, le poète; un fuyard,
Qu'on nous a ramené du midi, par hasard.

ANNE D'AUTRICHE, à Molière.

Chapelain nous a dit : Molière est grand poète.

MADAME DE SOISSONS, à part à Mme Henriette.

Avez-vous vu le lis, comme il penchait la tête ?

MOLIÈRE, à la reine-mère.

Oh ! Votre Majesté...

LOUIS, à Molière, en regardant La Vallière.

N'as-tu pas pour demain
Un sujet espagnol — fût-il grec ou romain !
Un roi, maître absolu de la moitié du monde,
Et qui donnerait tout pour une femme...

(Les yeux sur La Vallière.)

MADAME DE SOISSONS, à madame Henriette.

Blonde.

MOLIÈRE.

L'Espagne est à Corneille, et c'est à lui...

LOUIS.

Pourquoi ?

L'art est donc limité ?

MOLIÈRE.

Pas pour lui, mais pour moi.
Laissez-moi balayer de mon rire folâtre
Ces haillons que la foire à laissés au théâtre,
Arlequin, Colombine, et cet art mal compris,
Que la guerre civile apporta dans Paris.
Sire, c'est là mon lot, et je n'en ai pas d'autre.
Sire, c'est mon avis que je soumets au vôtre.
Si mes vers, quelquefois, mes vers intelligens
Font rire le parterre et les honnêtes gens ;
Et si je puis un jour, avec beaucoup d'excuses,
Chausser un brodequin aux pieds nus de mes muses,
Si Paris, si le roi prend part à mes travaux,
C'est tout ce que je veux, c'est plus que je ne vaux ;
Mais pardon...

LOUIS.

Assieds-toi ; le roi Louis, mon père,

Faisait asseoir Corneille, est-il pas vrai, ma mère ?
Et le cardinal-duc avait pour l'occuper
Cinq poètes, le soir, à son après-souper.
Parle.

MOLIÈRE, assis.

Je disais donc qu'il faut faire au théâtre
Ce qu'a fait pour Paris votre aïeul Henri-Quatre :
Commencer par le siège, et chasser Turlupin,
Monté sur des tréteaux pour un morceau de pain.
Des passions, aux mœurs ! — Or, après ce qu'on nomme
L'art héroïque, en France, il faut l'art honnête homme ;
Il faut, et tous les soirs, par le rire ou les pleurs,
Rendre les méchans bons, rendre les bons meilleurs.
Sire, il vient un moment où l'on n'est plus modeste ;
Corneille a commencé ! — Molière fait le reste.
Lorsque le comédien, homme, au Palais-Royal,
Aura donné la main au parterre loyal ;
Quand j'aurai relevé d'une face ennoblie
Ce masque enfariné qui nous vient d'Italie ;
Quand on n'entendra plus ni grelots ni refrain,
Cet art qui porte au col des sonnettes d'airain...
On saura ce que c'est qu'un rire de Molière,
Qui rit du fond du cœur pour rire sans colère.
Il s'est attristé : il est sombre.

LOUIS.

Je vous l'avais bien dit, le voilà sérieux :
Molière rit toujours et n'est jamais heureux.

MOLIÈRE, préoccupé.

C'est notre châtiment, c'est la peine encourue,
Toutes les fois qu'on prend enseigne sur la rue,
L'insulte... Mais, pardon : vous disiez que demain,
Sire ?...
LOUIS, levant le siège.

Toute la cour te venge, à Saint-Germain,
Et qu'il faut ranimer contre la jalousie
Ton dépit, amoureux de bonne poésie.

MOLIÈRE, encouragé, avec passion.

Le théâtre est un cirque où nous sommes livrés.
Nous sommes applaudis, nous sommes déchirés.
Voulez-vous la justice infaillible, imposante ?
Mettez dans une salle une ville, — et, présente,
Dites-lui vos travaux et comme à votre ami ;
Vos travaux, pour lesquels vous n'avez pas dormi.
Si vous avez bien fait, la rumeur qui s'exhale
Vous le dit d'une voix grande comme la salle ;
Si vous avez touché du doigt la vérité,
Vous parlez à l'oreille, à la postérité :
Le public, dans sa cause, avec ses voix puissantes,
Soulève autour de vous ses ailes frémissantes,
Et le rire à la lèvre ou les larmes aux yeux,
Ses applaudissemens vous montent jusqu'aux cieux !

(Il est monté jusqu'à la plus haute inspiration.

LOUIS.

Et je t'y prends tout chaud ; — ma tragi-comédie !
Car voilà de la flamme à faire un incendie.

MOLIÈRE.

Sire, c'est que je crains...

LOUIS.

Tu crains les envieux ?

MOLIÈRE.

C'est que... je ne peux pas.

LOUIS.

Tu peux ce que je veux.

MOLIÈRE.

Je n'ai plus rien à dire ; — une raison pareille
Fait un Turenne, sire, et peut faire un Corneille.

LOUIS.

Eh bien, alors, je veux.

MOLIÈRE.

Sire, j'obéirai :

Mais on me sifflera.

LOUIS.

Mais je t'applaudirai.
(Regardant La Vallière.)
Demain, spectacle et bal ; — choisis ; pour ton modèle,
La cour en a beaucoup, tu prendras la plus belle :
Ni grande ni petite, et simple avec bonté,
Belle, avec plus de grâce encor que de beauté.

MADAME DE SOISSONS, piquée, à Molière.

Un faux air de candeur qui cache une âme fière,
Un air provincial dont on ne sait que faire.

LOUIS, blessé.

Madame de Soissons, vous ne le savez pas.
(A Molière, continuant le portrait de La Vallière.)
Une femme baissant les yeux, pensant tout bas ;
Qui ne répond jamais, jamais un mot, quand même
On mourrait à ses pieds en lui disant : Je t'aime !
Eh ! tu comprends ?

MOLIÈRE, cherchant à comprendre.

Oui , sire.

LOUIS, toujours à La Vallière.

Un prince ardent, fougueux,
Qu'on dira le plus brave et le plus courageux ;
Qu'on ne relève pas à ses pieds et qu'on laisse
Confus dans son amour, honteux dans sa faiblesse.
Tu comprends le sujet ?

MOLIÈRE, qui ne comprend pas.

Oui , sire ; c'est heureux.

MADAME DE SOISSONS, avec moquerie.

Mais, sire, c'est tout fait. — *Le Dépit amoureux*.
(A Molière.)
Faites que la princesse arrive de province,
Avec un air bourgeois qui doit charmer le prince !
Une beauté farouche, une vertu des bois,

3

Qui n'est plus à Paris, mais qu'on retrouve à Blois ;
Du reste, le corps droit, la démarche douteuse.
Une belle personne enfin...

(Bas à Mme Henriette.)

Un peu boiteuse.

LOUIS, qui s'est contenu et rompant toute mesure.

Tu représenteras les femmes de la cour...
Insolentes. — Surtout fais le dénoûment court,
Romps la pièce au milieu de scènes applaudies,
Car les rois n'aiment pas les longues comédies.

(Tout le monde se lève.)

MOLIÈRE, s'inclinant.

Sire...

MADAME HENRIETTE, à Mme de Soissons.

Qu'avez-vous dit ?

LA VALLIÈRE.

Malheureuse !

MOLIÈRE, à part et qui comprend pour la première fois.

En effet,
C'est de la comédie, à présent, tout à fait.

(Il s'incline et sort.)

LOUIS, à la reine-mère, qui se retire scandalisée.

Ma mère, vous partez ?

ANNE D'AUTRICHE, calme et digne.

Oui, votre mère est vieille ;
Vous ne ménagez pas son âge, il craint la veille.

LOUIS.

Mais, ma mère...

ANNE D'AUTRICHE, sans le laisser parler.

Louis, je vous verrai ce soir.

(Elle se retire.)

MADAME HENRIETTE, à Mme de Soissons.

Il l'aimait, à présent il l'aime au désespoir !

SCÈNE IV.

LOUIS, LA VALLIÈRE, MADAME DE SOISSONS.

LOUIS, hors de lui, à La Vallière qui sort.

Louise, demeurez.

A Mme de Soissons, qui se retire aussi.

Oh ! non, restez, madame.

(Avec autorité.)

Olympe Mancini, respectez cette femme.
Le cardinal, votre oncle, est mort, et mes liens
Rompus, et je n'ai plus de nœuds italiens,
Plus un seul ! — C'était bon, alors, dans ma jeunesse :
Mais, le cardinal mort... vous n'êtes que sa nièce !

MADAME DE SOISSONS.

Sire, est-ce aussi l'exil ? Mazarin fut banni
Et ne protége plus Olympe Mancini.

LA VALLIÈRE, intervenant.

Madame de Soissons a dit un mot, mais, sire,
Il n'a blessé personne ; un mot peut bien se dire.
Pour madame, ou pour moi, ce serait toujours trop.

(Regardant Mme de Soissons.)   (Regardant le roi.)

C'est m'abaisser trop bas, c'est m'élever trop haut.
Et voilà qu'à présent sa crainte m'embarrasse...
Je ne sais plus comment vous demander... sa grâce.

MADAME DE SOISSONS.

Ma grâce ! — Est-ce l'exil ? Sire, je pars demain.

LOUIS.

Oui, l'exil, à la cour ; l'exil, dans Saint-Germain.

MADAME DE SOISSONS.

La disgrâce ?

LOUIS.

Muette et que nul ne soupçonne,
Qui ne perde ni vous, madame, ni personne.
Ce qui se passe ici, comtesse de Soissons.

Reste enfermé chez moi , dans ces quatre cloisons.
Il s'agit d'une femme, à présent sous ma garde ,
Qui ne doit pas rougir de l'œil qui la regarde.
Ce qu'on dira sur elle , on le dira sur moi...
Comtesse de Soissons, sortez, au nom du roi.

(Mme de Soissons sort avec une menace à La Vallière.)

SCÈNE V.

LOUIS, LA VALLIÈRE.

LA VALLIÈRE ,   au désespoir.

Sire, je suis perdue !

LOUIS.

Oh ! non , je vous l'atteste.

LA VALLIÈRE.

Sire, vous le voyez... perdue, et si je reste...

(Elle veut s'échapper : il la retient.)

LOUIS.

Ecoutez , je ne suis qu'un homme de ma cour,
Un homme de vingt ans qui vous aime d'amour.
Savez-vous ce que c'est enfin qu'un roi de France ,
Esclave, pour le trône élevé dès l'enfance,
Qu'on marie à vingt ans, pour des raisons d'état ,
Qu'on fait , au lieu d'époux, gendre d'un potentat?
Un autre aime une femme et prend une compagne ;
Lui, c'est le roi de France, il épouse... l'Espagne ;
Il n'est que trône et gloire et royale splendeur ;
Il demeure étouffé sous sa propre grandeur.
Oh ! mais il se dépouille et rend son personnage ;
Alors, le masque tombe et vous voyez l'image,
C'est Louis, à vos pieds ; Louis, qui, dans son sang,
Reçut moins de grandeur que d'amour en naissant ;
Car ils me l'ont donné comme avec la parole,
Mon aïeul béarnais et ma mère espagnole.

(Il tombe à ses pieds.)

LA VALLIÈRE. stupéfaite.

Sire, je vous écoute... et je ne sais vraiment...
Ah ! ne me croyez pas folle d'enivrement !
Sire, que faites-vous ?... Sire, votre couronne,
Qui relève de Dieu, n'est aux pieds de personne.

(Elle le relève.)

A présent, c'est à moi de me mettre bien bas,
Car la couronne d'or ne me rachète pas.
Ah ! vous ne voulez pas, sire, qu'on me condamne,
Que votre cour me donne un nom de courtisane,
Qu'en me voyant passer, chacun dise après moi :
Regardez ; la voilà, la maîtresse du roi !

LOUIS, avec ivresse.

Louise, pour joyaux et pour nos fiançailles,
Je vous donne un palais de marbre et d'or,—Versailles !
Vous aurez votre cour, et vous la peuplerez ;
J'irai quand vous voudrez, quand vous m'appellerez,
Sur le moindre danger, pour une heure céleste,
Et j'y demeurerai si vous me dites : Reste !

LA VALLIÈRE. confuse.

Ah !

LOUIS.

   Je veux être grand pour être aimé de vous
Et pour mettre à vos pieds les hommages de tous.
L'amour m'aura donné l'amour des belles choses ;
Versailles fleurira de femmes et de roses :
Les femmes, leur beauté ; les poètes, leurs vers :
Ce sera ma pensée en mille sens divers.
Et Molière et Boileau, Puget, Lebrun, le Nôtre,
S'appelleront mon règne... et ce sera le vôtre.

LA VALLIÈRE.

Mais c'est le déshonneur public, le savez-vous ?

LOUIS.

C'est l'amour glorieux.

LA VALLIÈRE, le regardant en face.

La honte aux yeux de tous !

LOUIS.

Ton règne comme amante...

LA VALLIÈRE.

Et l'épouse ?... Ah ! la reine...
(Elle se retourne vers la porte de la reine, à gauche, cache sa tête dans ses mains, à l'autre côté de la scène.)
Sire, votre devoir me commande aussi, moi,
    (Avec le sentiment du devoir.)
Allez, Louis, allez... — La reine attend le roi.

LOUIS.

Oh ! le royaume aussi m'attend, et je l'oublie.
                     (Il la poursuit.)

LA VALLIÈRE, mains jointes.

Si l'on nous trouvait seuls... Oh ! je vous en supplie !

LOUIS.

Je dirai que je t'aime.

LA VALLIÈRE.

On ne vous croirait pas.
Eh bien! si vous m'aimez... sire, restez là-bas.
(Elle entre dans sa chambre et le roi reste immobile à la porte de la sienne.)

SCÈNE VI.

LOUIS, seul, MOLIÈRE ensuite.

LOUIS, parcourant la scène avec agitation sans savoir ce qu'il fait ; il ouvre violemment la porte du fond.

Molière !... Je ne vois que des maris infâmes...
Ils appellent cela me présenter leurs femmes.
Des bourgeois qui paieraient dans mes mains, à loisir,
Les impôts, si le roi les levait en plaisir.

Et des nobles maisons enfin, dégénérées,
Briguant toutes l'honneur... d'être déshonorées.
Vienne une pauvre fille, étrangère à la cour,
Une enfant qui rougit de son premier amour...
Je ne puis pas aimer comme fait tout le monde.
Paris et Saint-Germain recommencent la Fronde !

(Molière est entré.)

Je la présenterai.

MOLIÈRE, à part, calme et regardant l'agitation du roi.

Cela ne va pas mal.

LOUIS.

Je la présenterais... au *nonce cardinal !*
 (à Molière.)
Tu voulais te venger, disais-tu, tout à l'heure ?
Molière, venge-toi ! ris... jusqu'à ce qu'on pleure.
Je te livre ma cour, tu la connais ?

MOLIÈRE.

Qui, moi ?

Si je connais la cour, sire ? mieux que le roi.

LOUIS.

Je te la donne , enfin.

MOLIÈRE, à part.

Je prends ; c'est mon affaire.

Mais je vous la rendrai, je ne saurais qu'en faire.
 (Il suit le roi qui se promène dans la plus grande agitation.
Pardon, alors, je livre aux sifflets, aux bravos,
Les faux marquis, les faux savans, les faux dévots ?
C'est mon droit d'honnête homme et mon droit de satire,
Je puis les flageller de mes éclats de rire ?
(Le roi lui répond par des signes d'approbation, et il continue son énumération.
Tous ces gros habits d'or, qu'on nomme grands seigneurs,
Qui n'ont pas un honneur... et n'ont que des honneurs;
Tous les maris trompés qu'une femme délaisse...
Ceux qui tiennent du roi leurs titres de noblesse ?
Le bourgeois qui veut être un gentilhomme ou bien
Le gentilhomme enfin qui n'est rien .. et n'a rien :

Les grands et les petits, l'état et la famille,
Et pas de Châtelet ?

LOUIS.

Non.

MOLIÈRE.

Et pas de Bastille ?

LOUIS.

Je te donne ce soir Paris et Saint-Germain.
(Il entre dans sa chambre.)

MOLIÈRE.

Et moi, sire, j'accepte et commence demain.
(Il sort par le fond.)

FIN DU PREMIER ACTE.

ACTE DEUXIÈME.

Même décor qu'au premier acte. — Au lever du rideau, La Vallière est assise à gauche et écrit une lettre, Santa Fior est derrière elle debout, attend et cause ; elle écrit et l'écoute alternativement.

———

SCÈNE PREMIÈRE.

LA VALLIÈRE, SANTA FIOR.

SANTA FIOR, pendant qu'elle écrit.

Aussi le nommait-on, parmi les plus rieuses,
Fouquet, Surintendant des fêtes amoureuses.
Mais ce qu'on ne sait pas...

LA VALLIÈRE, se tournant sans quitter sa lettre.

Quoi ?

SANTA FIOR.

Le roi fut jaloux.

LA VALLIÈRE.

Pourquoi ?

SANTA FIOR.

Je n'en sais rien.

LA VALLIÈRE.

Pour qui ?

SANTA FIOR.

Pour qui ? pour vous.

LA VALLIÈRE.

Je plains monsieur Fouquet beaucoup, tant pis pour celles
Qui se plaignent de lui.

(Elle se remet à écrire.)

SANTA FIOR.

C'est vous et non pas elles...

LA VALLIÈRE.

Il m'offrait ses bontés, je l'ai remercié...

SANTA FIOR.

Mais enfin le voilà deux fois disgracié.
Vous régnez, vous régnez seule ; je tiens registre ;
Le premier immolé, c'est un premier ministre !

LA VALLIÈRE, se levant avec sa lettre à la main.

Remettez cette lettre, et dites que je pars.

SANTA FIOR.

Vous partez !... Mais le roi n'aime pas les départs.

LA VALLIÈRE.

Vous direz que ma mère... a besoin de sa fille.

SANTA FIOR.

Oh ! voilà, n'est-ce pas, des raisons de famille ?
Et lui, que j'ai laissé malade et dans son lit,
Je vais, avec un mot, le tuer, s'il le lit.

LA VALLIÈRE.

Malade, dites-vous !

(Elle s'assied et jette sa lettre sur des papiers.)

SANTA FIOR.

Alors, pas de réponse.
J'aime bien mieux cela...

(Après un moment.
Faut-il qu'on vous annonce ?

LA VALLIÈRE, vivement.

Non pas, monsieur, non pas.

SANTA FIOR.

Mon Dieu ! c'est bien ! c'est bien !
Alors, je me retire...
(Il revient.)
Et je n'emporte rien ?
(La Vallière est absorbée et ne répond pas.)
Il a passé la nuit fort mal — avec la fièvre...
(Elle est plus attentive.)
La fièvre dans le cœur, — votre nom sur la lèvre.
Je le tiens de Vallot, — et se parlant tout bas :
(Comme s'il répétait les paroles du roi.)
C'est que j'aime et peut-être elle ne m'aime pas...

LA VALLIÈRE, avec empressement.

Vous l'avez entendu ?

SANTA FIOR.

Non pas moi, mais de Vardes,
Que j'ai vu ce matin en tête de ses gardes.
(Il tire sa montre.)
Pardon, il est une heure.

LA VALLIÈRE.

Attendez, s'il vous plaît.

SANTA FIOR.

C'est que le roi m'attend.

LA VALLIÈRE.

Portez-lui ce billet.
(Elle écrit.)

SANTA FIOR, à part.

Un billet ! c'est-à-dire un peu plus qu'une lettre.
(Pendant qu'elle écrit.)
Ceux qui vivent dehors et n'ont vu que le maître,
Ceux-là ne savent pas ce que c'est que Louis.

LA VALLIÈRE, se retournant.

Il est bon, n'est-ce pas ?

SANTA FIOR.

Bon ? comme vous, et puis
Cette simple...

(La Vallière écoute.)

Ecrivez, car il faut qu'il réponde,

(Elle se remet à écrire.)

Cette simple grandeur qui charme tout le monde.
Homme, on ne voudrait pas un autre roi, vraiment ;
Femme, on ne voudrait, pas non plus, un autre amant.
Je ne l'ai jamais vu, mais je crois, sur mon âme,
Qu'il doit être adorable aux genoux d'une femme.
Là, dans le tête-à-tête où l'esprit vient du cœur,
Quand une femme tremble et lui donne sa peur,
Tendre et passionné comme il est... oh ! sans doute...

(Il se retourne.)

Mais vous n'écrivez pas, que faites-vous ?

LA VALLIÈRE, charmée.

J'écoute.
Le voici.

SANTA FIOR, il prend le billet.

Je le tiens.

(Entre un valet de chambre.)

LA VALLIÈRE.

Ah !

UN VALET DE CHAMBRE, à l'oreille de La Vallière.

Monsieur Bossuet.

(Il sort.)

LA VALLIÈRE.

Au nom de Dieu, monsieur, rendez-moi ce billet.

SANTA FIOR.

A peine il est écrit, on veut que je le rende ?
Et dois-je dire aussi qu'on me le redemande...

LA VALLIÈRE.

Dites, dites monsieur....

SANTA FIOR.

Je ne veux rien savoir.

LA VALLIÈRE.

Que j'avais oublié...

SANTA FIOR.

Bossuet?...

LA VALLIÈRE, les yeux baissés.

Mon devoir.
(Santa Fior lui remet la lettre, elle la lui rend.)
Non, l'honneur d'une femme est sacré pour un homme;
Allez, et sur sa foi, sa foi de gentilhomme !
(Elle entre dans sa chambre toute honteuse et le front baissé dans ses mains.)

SCÈNE II.

SANTA FIOR, MOLIÈRE.

SANTA FIOR.

Molière !

MOLIÈRE, entrant par le fond, avec le manuscrit de la *Princesse d'Elide* à la main.

(A un valet de chambre.)
J'attendrai.

SANTA FIOR.

Diable ! le mal venu.
Attaquons le premier.

MOLIÈRE, voyant Santa Fior.

Quoi !

SANTA FIOR, à part.

Je suis reconnu.
(Il va droit à lui.)
Ah ! Molière, bravo, bravo, les *Précieuses*...
C'est là jouer sa pièce aux femmes ennuyeuses.

MOLIÈRE.

Je ne me trompe pas.

SANTA FIOR.

Non.

MOLIÈRE.

Scapin à la cour ?

SANTA FIOR, avec l'air affecté de marquis.

Oh ! Scapin, à présent marquis de Santa Fiour.
Ce qui n'empêche pas, Molière, une embrassade
Pour mon cher maître...
(Il l'embrasse.)
Et deux pour mon cher camarade.
(Il l'embrasse encore.)

MOLIÈRE, étonné et riant.

Mais raconte-moi donc, marquis de.. .Santa Fiour?...

SANTA FIOR.

C'est que c'est un peu long pour le dire tout court.
(Se posant dramatiquement.)
Scapin de Montauban, ton homme de service,
Quand il fallait bien rire et châtier un vice ;
(Il se pose le doigt sur le front.)
Ton souffle et ton esprit, ton Scapin né de là,
Ton chef-d'œuvre vivant, Molière, le voilà !
Quand j'ai rejoint ta troupe à la foire de Nîmes,
J'avais été chassé d'un couvent de Minimes ;
Sans doute j'avais tort, mais le supérieur
Cria trop vite ; enfin, c'était un grand crieur.
Je fus pris à Saint-Maur pour jouer des mystères,
Les Judas, les larrons, les tribuns militaires ;
J'y demeurai trois ans, ennuyé, sans desseins,
Et j'ai joué trois ans les diables et les saints ;
Je fus à Blois, et là, toujours fou de spectacles,
Pendant six mois, j'ai fait et joué des *miracles* ;
Mais le gouverneur, c'est toute une histoire... — bref,
Sa femme m'avait vu dans le chaste Joseph :

Un valet me surprit dans le logis du maître,
J'emportai le manteau, la nuit, par la fenêtre.
Dégoûté du théâtre, et pour faire une fin,
Je fus donc en Gascogne, où je mourais de faim.
C'est alors, Poquelin, c'est-à-dire Molière...

MOLIÈRE.

Tu donnais le travail, je donnais le salaire.

SANTA FIOR.

C'est un compte entre nous.

MOLIÈRE.

N'as-tu pas travaillé ?

SANTA FIOR.

Mais.... je t'ai fait du tort.

MOLIÈRE.

Je l'avais oublié.

SANTA FIOR

Enfin, l'homme propose et... le diable dispose :
Or, quand on a tout fait, il faut faire autre chose.
Je reviens sur Paris, je prends l'autre chemin :
Paris, Fontainebleau, Versailles, Saint-Germain !
Je suis tous les matins à la porte du Louvre,
Et je me montre tant... qu'enfin on me découvre.
Je commence d'abord par me donner un nom.
Santa Fior... et je soupe à Picpus, chez Ninon.
Je vante mes aïeux; un soir, je dis, chez elle
Que Santa Fior, mon père, est mort à La Rochelle.
Me voilà Santa Fior, mais héritier sans biens,
Enrôlé malgré moi dans les nobles vauriens.
Fouquet me dit un jour un mot de confidence.
Je soupais le soir même à la Surintendance !
Au bout d'un mois j'étais... j'étais bien plus encor,
Je battais dans mes mains des femmes et de l'or.
Enfin, pendant trois ans, avec des noms honnêtes,
Je fus son contrôleur des finances secrètes.

Je m'établis en cour, comme en pays conquis,
Marquis de Santa Fior... et me voilà marquis !

MOLIÈRE, froidement.

C'est bien ; es-tu changé de même en honnête homme ?

SANTA FIOR.

Comment, j'attends mon tour pour être gentilhomme.
Vois-tu ce portefeuille ?

(Il tire un portefeuille.)

MOLIÈRE, plaisantant.

Il est en maroquin.

SANTA FIOR, tournant et retournant le portefeuille dans sa main.

Couleur de Santa Fior et doublé de Scapin.

MOLIÈRE.

Les secrets de l'Etat ?

SANTA FIOR.

Pas de jeu de Bastilles !
Les femmes de Fouquet, trente noms de familles.
Fouquet jetait de l'or, et j'ai là les reçus ;
Tout le rire du diable est écrit là dessus.

MOLIÈRE.

Comment as-tu donc fait ?

SANTA FIOR.

C'est tout simple : on l'arrête,
Et je cours à Saint-Maur à l'armoire secrète ;
Je prends le portefeuille et les lettres d'amour,
(Il pèse le portefeuille dans sa main.)
Et j'ai là tout le poids des vertus de la cour.
Tu vois, je suis puissant ; je veux qu'on me marie,
Et qu'on me fasse duc, avec duché-pairie :
La cour m'avait d'abord jugé sur mon renom,
Car à Paris l'on vit et l'on meurt sur son nom.
Le roi, depuis deux ans, a fait grâce à la Fronde ;
La paix a ramené la foule — et c'est un monde !

Il est jeune, il est beau, mieux qu'un vieux cardinal ;
Et comment arrêter les femmes et le mal ?
L'une n'a que vingt ans et vient de la Touraine ;
Sa mère était à Blois du parti de la reine.
L'autre vient... de partout. — Quand la France a fini,
Alors, c'est l'étranger, — toutes les Mancini !
Faut-il les renvoyer chacune dans sa terre ?
Tu comprends, à présent, c'est presque un ministère.
Lauzun était un fat et Saint-Aignan un sot ;
(Il joue avec la lettre de La Vallière.)
Pour bien prendre une femme, il faut avoir... le mot,
L'esprit sûr, le sens droit, l'œil prompt, la main hardie ;
Il faut avoir enfin joué la comédie.
Or, cette fois, le coup est double et hasardeux ;
Je joue avec deux mains et contre tous les deux.
Elle, est là — le roi, là...
(Il montre à gauche et à droite.)
C'est une fille sage,
Et, tu me vois, je suis... je suis sur le passage.
Il faut que je l'épouse.

MOLIÈRE.

Un rival du roi ?

SANTA FIOR.

Non.
J'attends, c'est mon secret ; — ainsi, tu sais mon nom ;
Tu me verras partout et sans me reconnaître ;
Mais Molière est toujours mon maître et mon cher maître.
(Il lui prend la main.)
Ainsi, je suis pour toi... marquis, avec un D,
Et je reviens de Flandre, où j'ai battu Condé !
Molière, si tu veux, me lit tous ses ouvrages,
Et je suis à la cour un bureau de suffrages.
C'est moi qui fais toujours :
(Il bat des mains.)
Aux mots de bon aloi,
Et qui rit le premier, toujours... après le roi.
Adieu.

4

MOLIÈRE.

Marquis...
(A part.)
La corde est au bout de l'échelle.

SANTA FIOR.

(Fausse sortie. Il revient.)
Et Santa Fior, mon père ?

MOLIÈRE, riant.

Est mort à La Rochelle.

SANTA FIOR, avec le ton de marquis.

Adieu, seigneur Molière.

MOLIÈRE, de même.

Adieu, seigneur Scapin.
(Santa Fior entre chez le roi.

SCÈNE III.

MOLIÈRE, LOUIS ensuite.

MOLIÈRE, tout étourdi.

Voilà ce qui s'appelle un valeureux coquin.
(Avec le doigt sur le front.
Je te tiens là, mon homme... après le *Misantrope*.
Ne confondons jamais Térence avec Esope.
(Il ouvre son manuscrit et lit.)
La Princesse d'Elide et les amours du roi.
Le voici.

LOUIS.

(Il entre par le fond, convalescent ; il a un bras en écharpe.)
Santa Fior, ah ! Poquelin, c'est toi !
(Il sonne.)
Le roi veut être seul.
(Il sonne une seconde fois.)
La cour dîne à Versailles.
(Devant la porte de La Vallière dans une agitation fébrile.)
N'as-tu pas vu sortir madame de Navailles ?
Santa Fior ne vient pas ; il sait que je l'attends.

MOLIÈRE, avec calme et complaisance.

Sire, comme ils sont beaux vos amours de vingt ans !
J'apporte ce matin *la Princesse d'Elide.*

LOUIS, regardant toujours la porte.

Un amour de théâtre, un amour plein... de vide ;
Des recherches d'esprit, froides comme un conseil ,
Qui ne vaudront jamais une nuit sans sommeil !

MOLIÈRE.

Sire, vous l'avez dit : voilà ma comédie.
(Il froisse son manuscrit dans ses mains.)
L'art, c'est le médecin, l'amour, la maladie.

LOUIS.

Que fais-tu ?

MOLIÈRE.

Rien ; je dis que vous avez raison ;
Que mon art n'est jamais qu'une comparaison ,
Et que j'ai tort de rire avec l'amour dans l'âme.
Et que ce jeu fardé ne vaut pas une femme.

LOUIS, qui en s'asseyant trouve la première lettre de La Vallière.

Une lettre ?
(Il lit.)
Elle part ; tiens, lis, c'est de sa main.

MOLIÈRE prend la lettre et lit.

Sire, pardonnez-moi, je quitte Saint-Germain.
(Il s'arrête.)

LOUIS.

Poursuis.

MOLIÈRE.

Que voulez-vous ? nous sommes tous de même.
Battus par nos enfans.

LOUIS.

Mais, Molière, je l'aime !

MOLIÈRE.

J'aime aussi comme vous.

(Il achève la lettre.)

> *Oubliez désormais*
> *Que vous m'avez aimée, et n'y pensez jamais.*

Cette lettre...

LOUIS.

Était là ; donne que je relise.

(Il reprend la lettre et relit.)

> *Et n'y pensez jamais. — Au roi. Signé*, LOUISE.

(Il regarde l'adresse et la signature.)

Que faire, Poquelin ?

MOLIÈRE.

A votre place, eh bien !...

LOUIS.

Eh bien ! que ferais-tu ?

MOLIÈRE.

Ce que je fais.

LOUIS.

Quoi ?

MOLIÈRE.

Rien.

J'aimerais. Écoutez et croyez-en Molière :
Nous avons tous rêvé des amours de volière,
Avec le pied bien rose, avec le col bien blanc,
Et qu'on tient dans sa main par un nœud de ruban.
Croyez-moi, j'en ai fait le dur apprentissage,
Et je suis le plus fou, devenu le plus sage.
A Toulouse, j'ai fait rencontre, par hasard,
D'une fille, une enfant, qu'on nommait : *la Béjard* ;
Je lui donne mon nom, seul bien dont je dispose,
Si le nom de Molière est jamais quelque chose ;
Enfin, j'aurais donné l'avenir glorieux
Et les siècles futurs, pour un amour heureux.
Sire, eh bien ! mon bonheur, dans sa robe adultère
Tous les soirs se déchire aux regards du parterre.
Malgré cela je l'aime, et d'un amour profond.
Allez, nous aimons jusqu'au mal qu'elles nous font !

Et je ris tous les soirs, c'est chose singulière.
Oh ! oui, mais le public ne connaît pas Molière.

LOUIS, déchirant la lettre et la jetant à ses pieds.

Qu'elle parte... une ingrate !

MOLIÈRE.

Alors que diriez-vous,
Si vous étiez trompé, si vous étiez jaloux,
Si votre femme enfin, sire, n'était plus vôtre ?
On ne remplace pas son amour par un autre.
Quand on l'a dans le cœur, fût-il trompé, souillé,
Déshonoré partout, partout humilié,
On le garde, on le cache ; on dit bien : c'est infâme !
Et puis, dans l'ombre, on tombe aux genoux d'une femme ;
On reçoit son retour comme son premier don,
En pleurant sur ses mains des larmes de pardon.

LOUIS.

Tu pleures, Poquelin ?

MOLIÈRE, dérobant son attendrissement.

Oh ! non, c'est pour vous dire
Ce qu'une passion a de plus cruel, sire :
Ces trois dernières nuits on vous veillait, eh bien !
Je veillais aussi, moi, votre amour et le mien ;
J'habillais mes soucis de tous mes personnages,
Et je me tourmentais de mes propres images :
Et tout cela vivait et jouait devant moi :
La Princesse d'Elide ou les amours du roi.
Cette fièvre du cœur, c'est une comédie
A présent toute morte et toute refroidie ;
Mais la dernière nuit, et c'était ce matin,
Ma lampe était mourante et j'étais presque éteint.

LOUIS.

Comme moi.

MOLIÈRE.

J'appelais, je mourais, j'imagine,
Car je perdais mon sang, sire, par ma poitrine.

Quand on est accouru, comme on ne savait pas,
Pour soulager le cœur... ils ont saigné le bras.
Elle était à mes pieds, mourante, évanouie,
Et je lui pardonnais, voilà toute ma vie.

LOUIS.

Comme moi.

MOLIÈRE.

Comme vous.

LOUIS, avec effusion.

Donne-moi cette main.

MOLIÈRE, se laissant prendre la main et s'inclinant.

Sire, nous nous touchons par notre cœur humain.
(On voit à leur deux bras l'appareil d'une saignée.)

LOUIS.

Molière, en me parlant, tu m'as éclairé l'âme.

MOLIÈRE.

Vous avez déchiré sa lettre, pauvre femme !
Vous l'avez déchirée et mise sous le pied,
Et vous ramasserez les morceaux de papier.

SCÈNE IV.

LOUIS, MOLIÈRE, SANTA FIOR.

LOUIS.

(Santa Fior entre par le fond, cherchant le roi.)

Marquis de Santa Fior, quelle nouvelle?

SANTA FIOR.

Bonne.
J'ai fait comme le roi, j'ai pris Dôle en personne.
On a dit...

LOUIS.

On a dit?

SANTA FIOR.

Enfin elle veut...

LOUIS.

Quoi ?

SANTA FIOR lui remet le billet.

Elle veut que Louis n'en dise rien au roi.

(Louis lit transporté.

Eh bien ! sire, êtes-vous content de mon message ?

LOUIS.

Marquis de Santa Fior...

(Montrant Molière.)

Voilà le maître sage.

Ramassez cette lettre...

(Santa Fior ramasse la lettre déchirée.

Et Molière a raison ,
Ce serait un poison, on boirait le poison.
    (A Molière.)
Eh bien ! alors je veux une fête splendide ,
Car tout Paris doit voir ta *Princesse d'Elide.*
    (A Santa Fior.)
Marquis de Santa Fior, ne vous éloignez pas.

SANTA FIOR. à part.

C'est-à-dire : sortez.

LOUIS, à Santa Fior.

Ah ! courez de ce pas ,
Et dites de ma part à monsieur Benserade
Que je danse au ballet.

(Santa Fior sort.)

MOLIÈRE.

Mais vous êtes malade.

LOUIS, passionné.

Eh ! Molière, l'amour est la santé du cœur.

MOLIÈRE.

Je vous l'avais bien dit.

LOUIS.

Bah ! c'est trop de rigueur.
(Oubliant tout , et même la douleur de Molière.)
Et tiens, je suis bien sûr... que ta femme est fidèle.

MOLIÈRE, souriant tristement avec intelligence.

Sire, votre bonheur veut me répondre d'elle.

LOUIS.

Tu la crois infidèle, et tu te crois jaloux.

MOLIÈRE.

Sire, tous les heureux sont sages comme vous.

LOUIS.

Molière, elle m'attend; eh! tiens, la jalousie
Te vient comme l'amour, comme la poésie,
Comme tout ton esprit, chaudement, follement ;
Les hommes comme toi sont nés fatalement.
(Il lui montre du doigt son cabinet à gauche.)
Poëte, allez rêver la-dessus quelque scène
D'amour, dans ce donjon qui regarde la Seine.
La fenêtre est ouverte et donne sur les toits ;
Les oiseaux et les vers y chantent à la fois!
Allez, vous m'attendrez en bonne compagnie,
Car, c'est là que je lis vos œuvres de génie.

MOLIÈRE, à part en sortant.

Bonne fortune , sire ; en revanche, le roi,
Si je suis malheureux, est bien heureux pour moi.
(Il entre dans le cabinet du roi.

SCÈNE V.

LOUIS, BOSSUET.

LOUIS, baisant dans ses mains la lettre de La Vallière ; il va pour entrer chez
elle, Bossuet en sort.

Ah ! — Bossuet...

BOSSUET.

Le roi !
Il traverse la scène et s'incline en passant, embarrassé.

LOUIS, embarrassé aussi.

Son altesse Madame
A mandé, je le vois, le médecin de l'âme.

BOSSUET.

La reine-mère...

LOUIS.

Attend — et moi j'attends toujours.
Je suis demeuré seul depuis plus de huit jours.

BOSSUET.

Ah ! je m'en souviendrai.

LOUIS.

Ne l'oubliez pas.
Il va pour entrer une seconde fois.

BOSSUET, le retenant.

Sire,
Le roi s'arrête devant la porte.
Vous êtes un bon roi ; si l'on venait vous dire
Qu'un de vos sujets, sire, à quelques pas de nous,
Sans que vous le sachiez, pleure, à cause de vous ?

LOUIS.

Pleure, à cause de moi ? — C'est bien, qu'on m'avertisse :
Qu'il présente requête, et je ferai justice.

BOSSUET

Si c'était une femme ?...

LOUIS, à part.

Ah !

BOSSUET

    Pure, après l'aveu,
Pure comme un pardon qu'elle a reçu de Dieu ;
Si je m'étais chargé, pour des raisons bien hautes,
Homme, de ses malheurs, et prêtre, de ses fautes ;
Si me taire et parler tout m'était interdit.

LOUIS.

Gardez votre secret.

BOSSUET, avec dignité.

    Sire, je n'ai rien dit ;
Mais vous avez daigné, si j'ai bonne mémoire,
M'entendre quelquefois, et quelquefois me croire.

LOUIS, à part.

Cet homme me possède, et je ne sais pourquoi,
Mais jusque dans l'amant il est maître du roi.

BOSSUET.

Vous avez étouffé les partis politiques,
Et vous avez éteint les passions publiques.
Le mal couve en secret, plus subtil et plus prompt :
La guerre ôtait la vie et la paix la corrompt.
Notre repos oisif, maintenant nous travaille,
C'est en nous, à présent, qu'est le champ de bataille.

LOUIS, impatient.

Je connais ce sermon, monsieur l'abbé, passez.
Après?

BOSSUET, blessé.

    Après? rien, sire, et j'en ai dit assez.
Mais vous m'avez permis des paroles fidèles...
Eh bien ! il reste encor des passions rebelles ;
Sire, un prêtre de Dieu vous le dit à genoux :
Vous régnez sur la France, il faut régner sur vous.

LOUIS.

Vous me prêchiez ainsi, monsieur, dans mon enfance ;
Et vous avez cessé.

BOSSUET, avec respect.

                    Vous êtes roi de France,
Et mon respect profond, sire, vous est garant...
Mais plus vous êtes haut, plus votre exemple est grand,
Et vous ne pouvez plus, ce qu'un fils de famille
N'oserait pas, tromper, sire, une pauvre fille,
Et moi-même à présent, car, à présent, c'est moi
Qui réponds devant Dieu, sire, et devant le roi.

LOUIS, froid.

J'admire beaucoup, mais je n'aime pas les prônes.

BOSSUET, blessé.

Ah !

LOUIS, tirant une bourse de sa poche.

Monsieur Bossuet, voilà pour vos aumônes.
                    (Il lui met la bourse dans la main : à part.
J'ai toujours après moi l'ombre du cardinal.
                    (Il entre chez La Vallière.

SCÈNE VI.

BOSSUET, MOLIÈRE.

BOSSUET, devant la porte que le roi vient de fermer.

Sire, il sera trop tard, car voilà le signal.
                    (Il ouvre une fenêtre et fait signe à quelqu'un.

MOLIÈRE, sortant du cabinet du roi.

Ah ! monsieur Bossuet, vous êtes un brave homme.

BOSSUET.

Monsieur... pardonnez-moi... votre nom ?

MOLIÈRE, embarrassé.

                    Je me nomme...

Qu'importe? je vous dis, et le nom n'y fait rien,
Que vous avez parlé comme un homme de bien.

BOSSUET, étonné de l'énergie morale de Molière.

Monsieur, puis-je savoir...

MOLIÈRE, avec amertume et insouciance.

Je suis... un des apôtres,

Un pauvre homme qui prêche et corrige les autres ;
Je refais comme vous l'homme et le cœur humain.

BOSSUET, il lui presse la main.

Monsieur, permettez-moi de vous serrer la main.
(Regardant toujours la fenêtre. —On entend le dernier bruit d'un carrosse qui
s'éloigne.)

Elle est sauvée !
(Se tournant vers Molière.)
Alors...

MOLIÈRE, qui ne sait pas ce qui se passe.

Qui donc !

BOSSUET.

Prêchez ce monde,

Qui vient de m'insulter sans que je lui réponde,
Où le jour et la nuit jamais nous ne passons
Sans nous heurter dans l'ombre à quelques passions ;
Où, quand un pasteur vient pour se charger d'une âme,
Ce qu'il entend gémir est toujours une femme ?

MOLIÈRE.

Ah ! je comprends ; c'est elle !

BOSSUET.

Elle échappe en fuyant.

MOLIÈRE.

C'est vous...

BOSSUET.

C'est moi qui vient de sauver une enfant.

MOLIÈRE.

La Vallière...

BOSSUET.

Est partie.

MOLIÈRE.

Elle a quitté, vous dites...

BOSSUET.

Toutes ses sœurs de cour pour ses sœurs carmélites;
Et j'ai fait avec Dieu, les anges sont témoins,
Une sainte de plus, une femme de moins.

MOLIÈRE, transporté de joie et avec le plus profond respect.

Ah ! quand je vois ainsi, dans un homme mon maître,
La sagesse d'un sage et la vertu d'un prêtre,
Je ne puis contenir un mouvement subit,
Car j'ai senti son cœur battre sous son habit.
Ah ! vous avez bien fait ; nous serions l'un et l'autre
Devant mon juge aussi comme devant le vôtre ;
Le monde serait là, le monde satisfait,
Vous dirait comme moi, que vous avez bien fait.

BOSSUET, étonné et dans l'admiration.

Mais qui donc êtes-vous ?

MOLIÈRE.

Eh ! qu'importe ? on me nomme
Du nom que le hasard fait tomber sur un homme ;
Mais j'ai l'amour du bien, et je l'enseigne à tous,
Et Dieu m'a fait l'ami des hommes, comme vous.

BOSSUET.

Eh bien ! alors il faut...

(Un bruit dehors qui interrompt la scène.)

MOLIÈRE.

Parlez, que faut-il faire ?

BOSSUET.

Le sais-je ; cette sœur a bien besoin d'un frère ;

Je suis seul contre tous; vous le voyez, il faut...
(Un bruit de voiture, rumeur, la scène se remplit de monde.)
Couvent Sainte-Marie, à Chaillot...
(Il se retire précipitamment.)

MOLIÈRE.

A Chaillot!
Mais vous ne savez pas qui je suis...

BOSSUET.

Eh! qu'importe!

MOLIÈRE.

Mais comment?

BOSSUET.

Cet anneau vous ouvrira la porte.
(Il tire son anneau et le lui remet. — Il entre chez la reine-mère.)

SCÈNE VII.

MOLIÈRE, SANTA FIOR, LA VALLIÈRE, MADAME DE SOISSONS. ATHENAIS, LA COUR, Hommes et Femmes.

LA VALLIÈRE.

Laissez-moi, laissez-moi!...

SANTA FIOR.

Comment! vous échappiez;
Quatre chevaux courant contre un seul homme à pieds!

LA VALLIÈRE.

Ah! monsieur.

SANTA FIOR.

J'ai laissé mon manteau dans la grille;
Est-ce donc en plein jour qu'on enlève une fille?

LA VALLIÈRE, se jetant sur un fauteuil.

Ah! ma mère!

SANTA FIOR.

Et le roi, qui vous croit à Chaillot.

Et qui vient de partir, à cheval, au galop!

MADAME DE SOISSONS, à La Vallière, pendant que toute la cour est au
fond.

Madame, vos amours font d'étranges sorties.
Quoi, si jeune au couvent, si sage, aux repenties ?
Si vos fautes, enfin, suivent l'âge et le temps,
Alors que ferez-vous, madame, à quarante ans ?

LA VALLIÈRE.

Je vous fuyais, madame, et je laissais sans peine
Aux hommes leur amour, comme aux femmes leur haine.

MADAME DE SOISSONS.

Croyez aux airs de Blois, si timides d'abord ;
A ces daims effrayés qui sortent de Chambord.

LA VALLIÈRE.

Mes torts, dites-les-moi, dites-les-moi, madame :
Pour tribunal, le monde, et pour juge, une femme !
Déchirez, je le veux, à tous les yeux humains
Ce voile de pudeur, que je tiens des deux mains.
Je me croyais coupable, avec une pensée ;
Ce n'était qu'une crainte, et je l'ai confessée ;
Ce n'est pas une faute, et j'en ai fait l'aveu ;
Et monsieur Bossuet m'a dit de prier Dieu.
Voilà tout ; jugez-moi, condamnez-moi, madame.
Mais sachez qu'il s'agit de l'honneur d'une femme ;
Et puisque je descends à de pareils débats,
Prenez garde, madame, et ne vous trompez pas.

MADAME DE SOISSONS.

Ah ! quelle audace ! Eh bien ! voyons donc, quelle est celle
Qui reçoit tous les jours le roi, qui le recèle
Tous les soirs dans sa chambre après le couvre-feu ?
Sans doute on a besoin du roi pour prier Dieu.
Ce mouchoir de batiste, orné de valencienne,
Que vous avez perdu, d'une main dans la sienne,
Et cette fuite enfin, n'est-ce pas un complot,

Pour cacher votre faute au couvent de Chaillot?
Et je n'ai pas tout dit...

LA VALLIÈRE, stupéfaite.

Vous êtes une infâme!
(Comme un ordre.)
Oh! je ne pleure plus, continuez, madame.

MADAME DE SOISSONS.

On se confesse, on fait la prude, on se prévaut,
On trompe tout le monde avec un air dévot,
On pleure sa vertu pour paraître plus sage.

LA VALLIÈRE.

Oh! je ne pleure pas, regardez mon visage.

MADAME DE SOISSONS.

Et maintenant, malgré vos secrètes amours,
Je sais que le *soleil* se lève tous les jours;
Que le roi ne veut pas d'une vertu trop grande
Et ne peut pas souffrir les digues de Hollande...
Je vous répète enfin que je le sais par cœur,
Et qu'il ne vous dit rien qu'il n'ait dit à ma sœur.

LA VALLIÈRE, avec dégoût.

Quelle femme êtes-vous?

MADAME DE SOISSONS.

Une femme qu'on aime
Et qu'on quitte à présent, comme plus tard, vous-même;
Qu'on laisse quand son cœur s'est enfin repenti,
Comme on vous laissera...

LA VALLIÈRE, révoltée.

Vous en avez menti.
De quel droit venez-vous, traîtresse et déloyale!
Me dénoncer le roi, dans la maison royale.
Savez-vous que je puis...

MADAME DE SOISSONS.

Vous m'osez menacer!

LA VALLIÈRE.

Vous dénoncer vous-même et vous vous faire chasser !

MADAME DE SOISSONS.

La jeune fille enfin se déclare maîtresse,
Nous allons voir.

(Elle entre chez la reine-mère.

LA VALLIÈRE, elle s'assied et pleure.

Ma mère !

MOLIÈRE.

Oh l'horrible tigresse !
Je n'ai jamais rien vu... C'est un cœur de rocher ;
(A La Vallière.)
Ah ! j'ai tant de respect que je n'ose approcher.

LA VALLIÈRE.

Vous l'avez entendue.

MOLIÈRE.

Et vous pleurez ! madame
J'ai pour vous, je ne sais quelle pitié dans l'ame ;
J'ai... Molière, l'amour outragé, le mépris,
Et tout le vide aussi de tout ce qu'on m'a pris ;
J'ai... que rien n'est sacré pour ce monde où nous sommes,
Et ces femmes enfin valent moins que ces hommes ;
J'ai... que j'ai trop souffert pour me plaindre à demi,
Madame, voulez-vous d'un frère ou d'un ami ?

LA VALLIÈRE.

D'un ami ? Je n'ai plus personne.

MOLIÈRE.

Oh ! soyez fière,
Comme je serais fier si j'étais votre frère.
La Vallière est un nom qu'on respecte, et chacun
En y soufflant l'injure y soulève un parfum.
Regardez-vous malgré l'insulte et le blasphème,
Et, pure, enivrez-vous, madame, avec vous-même.

SCÈNE VIII.

LA VALLIÈRE, MOLIÈRE, LA REINE, MADAME DE SOISSONS, LA COUR, LE ROI ensuite.

MADAME DE SOISSONS, à la reine-mère qui entre en scène suivie de toute la cour.

La voilà, vous voyez

ANNE D'AUTRICHE, à La Vallière.

C'est une trahison,
Le désordre avec vous entre dans ma maison !

LA VALLIÈRE, se jetant aux pieds de la reine-mère.

Ah ! Votre Majesté.

ANNE D'AUTRICHE.

Debout, mademoiselle ;
Madame d'Orléans vous chasse de chez elle.

LA VALLIÈRE.

Ah ! Votre Majesté ! — Madame d'Orléans !...
(Elle va de l'une à l'autre.

ANNE D'AUTRICHE.

Je vous l'ai déjà dit, vous chasse de céans.
C'est la première fois, regardez cette entrée,
Qu'une fille d'honneur en sort déshonorée.

LA VALLIÈRE.

Au nom de Dieu, madame, ayez pitié de moi ;
Je n'ai pas fait de mal !...

ANNE D'AUTRICHE.

Qui vous l'a dit?

UN HUISSIER, au fond du théâtre.

Le roi.

LOUIS, à La Vallière en la relevant.

A genoux? Vous chasser... — Qui donc?...

ANNE D'AUTRICHE.

Moi la première.

LOUIS, étouffant sa colère près d'éclater.

Vous voyez le respect que je porte à ma mère...
Sa présence est de trop dans de pareils conflits.
(Avec respect et menace à la fois.)
Ma mère gardez-vous des torts de votre fils.

ANNE D'AUTRICHE.

Le roi, sire, est bon juge et sa sagesse auguste...

LOUIS.

Ah! ma mère... le roi n'est pas sûr d'être juste.
Je ne réponds de rien, surtout que votre aspect
N'autorise personne à manquer de respect!

ANNE D'AUTRICHE, pour éviter les dernières paroles, se retire.

J'en crois votre devoir, sire, et votre sagesse.
(Elle sort.)

LOUIS, quand sa mère est sortie, au milieu du silence de la cour.

Donnez-moi votre main, madame la duchesse.

MADAME DE SOISSONS, à part.

Duchesse !

LA VALLIERE, confuse et en larmes.

Oh ! sire.

LOUIS.

Alors, je la veux, à genoux ;
Votre main.
(Il se met à genoux; regardant autour de lui.)
Nul, je crois, n'est plus le roi que nous.

SANTA FIOR, à l'oreille de Mme de Soissons.

Un coup d'état, un jour des dupes, représailles !

LOUIS, se relevant avec la main de La Vallière.

Messieurs, le temps est beau, la cour dîne à Versailles.
(Il l'emmène et toute la cour suit.)

MADAME DE SOISSONS.

Duchesse, et moi chassée !

SANTA FIOR, avec un rire fou.

Ah ! vous avez raison,
Moi, j'appelle cela : le feu dans la maison.

MADAME DE SOISSONS.

Mais elle tombera.

SANTA FIOR.

Pardon, veuillez permettre...

MADAME DE SOISSONS.

Marquis, c'est une intrigue.

SANTA FIOR.

Et voilà notre maître,
Molière.

MOLIÈRE à part..

Quelle femme ! et que faire, grand Dieu !

MADAME DE SOISSONS.

Eh bien ! la guerre ! Adieu, marquis.

SANTA FIOR.

Comtesse, adieu.
C'est entendu, tout est brouillé, la chose est claire.
Mais on a vu des gens mourir d'une colère.

       (Il éclate de rire. Mme de Soissons sort.)

MOLIÈRE, marchant sur Santa Fior.

Marquis de Santa Fior, vous êtes un faquin.

SANTA FIOR.

Un...

MOLIÈRE.

Fat !

SANTA FIOR.

Un...

MOLIÈRE.

Drôle !

SANTA FIOR.

Un quoi? dis donc vite...

MOLIÈRE.

Un coquin !

SANTA FIOR.

C'est juste, et pour sauver le cœur, coquin honnête,
Et puis coquin adroit, ce qui sauve la tête.

MOLIÈRE, avec l'autorité du maître.

Ce portefeuille où sont ces lettres.

SANTA FIOR, balbutiant.

De quel droit ?

MOLIÈRE.

Du droit qu'un honnête homme a sur un homme adroit,
(Il tire un portefeuille de sa poche.)
Sinon, voici le mien, beau mage sans magie,
Et le roi sait demain ta généalogie,
Et le grand, le marquis, le comédien gascon,
Grandit de douze pieds plus haut que Montfaucon.

SANTA FIOR, tout saisi.

Diable !

MOLIÈRE.

Ce portefeuille et ces lettres infâmes
Qui livrent dans mes mains ces hommes et ces femmes,
Et si je puis enfin pour venger tant d'affronts,
Comme un masque appliquer leurs lettres sur leur fronts,
Tu deviens, si tu veux...

SANTA FIOR, à part.

Le duc de La Vallière ?

Rassuré.

Ah ! si c'est pour cela, tiens, le voilà, Molière.

Il lui remet le portefeuille.

MOLIÈRE.

Et tu seras muet.

SANTA FIOR.

Et mort s'il le fallait.

MOLIÈRE.

Marquis de Santa Fior.

SANTA FIOR.

Monsieur votre valet.

MOLIÈRE, le portefeuille dans la main.

Ce qui mène le char, c'est le fouet qu'on secoue !

(Il sort.)

SANTA FIOR.

Ce qui porte le char, Molière, c'est la roue !
(Il ramène Molière au moment de sortir.)
Tu promets, si jamais mon secret se répand...

MOLIÈRE.

Je promets d'être là... si jamais on te pend.

FIN DU DEUXIÈME ACTE.

ACTE TROISIÈME.

Le carrefour de Cérès dans le parc de Versailles. — La rotonde des Marron-
niers ferme la scène circulairement, le cintre est fermé par la cime des arbres. — A droite, entre les troncs d'arbres, des tentures drapant des
petits pavillons séparés, élevés jusqu'à la naissance des branches, loges des
seigneurs dansant dans le ballet royal. — A gauche, un amphithéâtre dont
en ne voit que la façade, porte tendue et degrés tapissés arrivant jusque sur
la scène.
Le premier plan est libre, et chaque côté de la scène ouvre sur une allée cou-
verte. — Au coin de chaque allée une statue, au pied de la statue un banc.
Au lever du rideau, Molière est assis à gauche au pied de la statue, avec son
manuscrit dans les mains. — Benserade se promène en scène et compose des
vers.

SCÈNE PREMIÈRE.

MOLIÈRE, BENSERADE, SANTA FIOR.

SANTA FIOR, à Benserade, qui a disparu sous un massif à droite.

Eh ! monsieur Benserade, écoutez s'il vous plaît :
Voulez-vous un beau vers, pour finir un couplet ?
  (Déclamé.)
Le soleil dans les bois a rencontré l'aurore!...
  (Parlé.)
Justement pour le roi, qui ne vient pas encore.
  (Déclamé.)
Le soleil tous les jours se couche... le premier...
  (Parlé.)
L'autre rime est là haut sur l'aile d'un ramier.
                    (Il aperçoit Molière.)
  (A part.)
Molière ! — un autre fou, — c'est une autre manie.
Celui-là, passe encor, c'est un fou de génie.
                Molière se lève dans l'agitation du travail.
  (A l'écart.)
Il tient une pensée, — il la prend aux cheveux.

MOLIÈRE, passant la main sur son front.

Où donc est mon esprit qui vient quand je le veux !
(Avec son manuscrit dans les mains.)
C'est froid ! — Voilà, je souffre, et quand je veux écrire,
Mon vers devient railleur et semble toujours rire...
Le monde ne sait pas ce qu'on n'écrit jamais...
Oh ! mon Dieu, voilà donc la femme que j'aimais !

SANTA FIOR.

(Déclamé.)
Enfin voici l'Elide, où l'Athénien Molière
Va rassembler la Grèce...

(Parlé.)
                              Aux pieds de La Vallière.

Qu'as-tu donc ?

MOLIÈRE, se levant et froissant son manuscrit dans ses mains.

                    Cette pièce en prose, en vers...

SANTA FIOR.

                                                    Comment ?

MOLIÈRE.

Elle n'a pas d'intrigue, elle est sans dénoùment.
(Il jette son manuscrit.)
(Avec autorité.)
Ces lettres de Fouquet sont des faux, — c'est infâme !
Il n'a jamais payé cent louis à ma femme.
Et la chambre du roi ne l'a pas condamné
A mort, et ne l'a pas brûlé, comme un damné !

SANTA FIOR.

Je suis un maladroit, — j'oubliais...

MOLIÈRE.

                                        C'est possible ;
Mais ce marchand d'honneur était un homme horrible.

SCÈNE II.

LES MÊMES, DE GUISE, DE MARCILLAC ET LEURS AMIS.

(De Guise, de Marcillac et leurs amis sortent des pavillons tendus, travestis en héros de roman.)

SANTA FIOR, allant au devant d'eux.

(Déclamé.)
Paraissez Navarrois, Maures et Castillans,
Et tout ce que...
(Parlé.)
Versaille a de plus verts-galans.

DE GUISE.

Ce Benserade a mis en pièces l'Arioste !...

SANTA FIOR.

En lambeaux !

DE GUISE.

En ballets.

SANTA FIOR.

Donc, chacun à son poste :
(A droite.)   (Déclamé.)
Voici les pavillons, pour les danseurs royaux ;
Pour Guise et Marcillac, travestis en héros.
(A gauche.)
Là, le camp de Roland !...
(Parlé.)
Élevé sur des planches.
(A droite.)
(Déclamé.)   (Parlé.)
Là, le camp des Payens !... suspendu dans les branches.
(Déclamé.)
L'Occident, l'Orient, pêle-mêle, au hasard,
Vont...
Parlé.
Danser le Congo. — L'idée est de Mansard.

DE MARCILLAC, avec l'afféterie ridicule des marquis de Molière.

C'est d'un goût fabuleux ; vraiment ce Benserade
Est né d'une Dryade, ou d'une Amadryade.

DE GUISE, avec le même ton.

Écoutez une histoire : elle vient de quelqu'un
Très sûr, c'est Marcillac qui la tient de Lauzun :
C'était, comme aujourd'hui, des bals, des sérénades,
Des Joûtes de Tritons sur le sein des Naïades,
La Bague à cent louis, avec trente chevaux,
Molière et *les Fâcheux*, enfin la fête à Vaux.
(Molière, à son nom, s'est levé.)
Le soir, on fut aux bois comme pour une chasse,
La forêt s'enflamma comme celle du Tasse ;
Chaque lac eut son feu, chaque arbre son flambeau ;
Le soleil, à cent pas, ne serait pas plus beau !
Jusque-là c'était bien, la joie était parfaite ;
Mais, hélas !
(Il contient son rire.)
Enfin, bref, le soir, après la fête,
On compta tout le monde ; à minuit, il manquait...

TOUS.

La Vallière ?

DE GUISE.

Non pas, la Béjart et Fouquet !
(Rire général. Molière a tout entendu.)

MOLIÈRE retombe sur son banc, avec le portefeuille dans ses mains.

J'en doutais, maintenant j'en ai la preuve... écrite !

MARCILLAC.

Bah ! Molière après tout n'a que ce qu'il mérite.
La Béjart... Chut ! le roi !

SCÈNE III.

LES MÊMES, LOUIS, LA VALLIÈRE.

LOUIS, en scène, entré par la gauche avec La Vallière à son bras.

Messieurs, parlez plus bas ;
Molière vous entend.
(Ils sortent tous. — Il passe devant Molière ; Molière se lève.)
Reste ; je ne veux pas.

MOLIÈRE.

Sire...

LA VALLIÈRE, au bras du roi, se tournant vers Molière.

Faites des vers, c'est le roi qui l'ordonne ;
Moi... je n'ai que ma main...
(Elle lui tend la main.)

MOLIÈRE, s'inclinant.

Merci !

LA VALLIÈRE.

Je vous la donne.

MOLIÈRE, son manuscrit dans les mains.

Eh ! comment travailler quand le malheur est là !
(Il pose la main sur son cœur.

LOUIS, au milieu de la scène, à La Vallière

Je vous avais promis Versailles, le voilà !

LA VALLIÈRE, à son bras.

Toutes vos gloires vont avec toutes vos fêtes ;
Vous êtes toujours grand dans tout ce que vous faites.

LOUIS.

J'élevais votre autel ; j'ai mis pour marchepieds,
Les hommes, la nature et moi-même à vos pieds.

LA VALLIÈRE, toute tremblante.

Je ne sais, c'est peut-être un souvenir d'enfance,
Mais je n'aime que vous, j'ai peur du roi de France.

Mon Dieu ! de la grandeur ? — je n'en ai pas besoin ;
Quand je vous vois si haut, je crois vous voir plus loin ;
Et je suis là , j'attends, seule parmi les vôtres...
Je ne veux que l'amour ; la gloire est pour les autres.

LOUIS, il la contemple avec amour.

La gloire, est dans tes yeux ; l'amour, dans ta beauté ;
Et je t'aime ; voilà toute ma royauté.

(Ils sont à l'autre bout de la scène.)

LA VALLIÈRE.

Où voulez-vous aller ?

LOUIS, devant l'allée de droite, en lui montrant le bosquet de Louis XIII.

Regarde, la *Planchette* ,
Où mon père, timide, aimait mieux en cachette.
Le bon roi Louis-Treize était fils, en naissant ,
D'Henri-Quatre, et l'amour est notre droit du sang...
C'est là qu'il est venu , seul, avec Lafayette ,
Comme toi toujours tendre et toujours inquiète.
On trouverait encor leurs chiffres amoureux...

(Il l'entraîne.)

LA VALLIÈRE.

Que voulez-vous ?

LOUIS.

Chercher...

LA VALLIÈRE.

Quoi ! chercher ?

LOUIS.

Des heureux !

LE GENTILHOMME DE SERVICE, avec les mains pleines de dépêches, au
moment où le roi va entrer dans le bosquet.

Sire...

LOUIS

Allons, quoi !

LE GENTILHOMME.

Voici des dépêches de Londre.

LOUIS.

Toujours le roi ! — Colbert ne pouvait pas répondre.

Avec les dépêches dans la main, à La Vallière.

Voilà les billets doux de l'Europe !

LA VALLIÈRE.

Alors, moi,

(Avec coquetterie et grâce.)   (Jouant le respect.)
Je me retire, adieu ! — Sire, vous êtes roi !

(Elle s'échappe.

LOUIS.

Charmante ! je reviens.

LA VALLIÈRE, indiquant du doigt le bois de la Planchette.

Là, — comme Lafayette,
J'attends Louis.

LOUIS.

Adieu !

Il lui envoie un baiser et rentre dans le pavillon royal, à gauche.

SCÈNE IV.

MOLIÈRE, LA VALLIÈRE.

LA VALLIÈRE, traversant la scène sur la pointe des pieds.

Voyons, mon bon poète !
Chut ! il travaille...

(Molière a la tête appuyée dans sa main.)
Il dort ! — si j'osais seulement...

(Elle prend une branche de verdure qu'elle dispose en couronne ; au moment où elle l'approche du front de Molière, il l'entend et se lève.

MOLIÈRE.

Madame...

LA VALLIÈRE, le voyant pâle.

Qu'avez-vous ?

MOLIÈRE.

Je souffre horriblement.

LA VALLIÈRE.

Ce Versaille est si grand , on s'y perd.

MOLIÈRE , dans la plus grande agitation.

Une femme !...

LA VALLIÈRE.

Mon dieu, vous m'effrayez !

MOLIÈRE.

On y perd tout, madame,
Un homme, son esprit; une femme, son cœur.

LA VALLIÈRE.

Voyons, que suis-je enfin, Molière , amie ou sœur ?

MOLIÈRE.

Parlez, si vous avez des bontés à me dire ;
Parmi tant d'ennemis, j'ai besoin d'un sourire.

LA VALLIÈRE.

Qu'est-ce qu'on vous a fait? Des mots désespérés !
Vous, homme bon, parmi les hommes inspirés.

MOLIÈRE.

A quoi cela me sert ?

LA VALLIÈRE.

Voyez, quelle merveille !
La France, maintenant, n'a que vous et Corneille.
Et c'est l'avis du roi.

MOLIÈRE.

Savez-vous à quel prix?
Corneille meurt de faim sous un toit de Paris.

LA VALLIÈRE.

Colbert vient d'envoyer....

MOLIÈRE.

Quelques livres de rentes.

LA VALLIÈRE, cherchant à comprendre sa douleur.

Quoi ! vos œuvres aussi vous sont indifférentes !
Vous devez être fier...

MOLIÈRE.

Je ne suis fier de rien.
Si j'avais fait au moins un seul homme de bien !
Travailler, et pourquoi ?

LA VALLIÈRE, attristée comme lui.

Voilà votre humeur noire ;
Rien ne vous touche plus, pas même votre gloire ?

MOLIÈRE.

Ma gloire, c'est le monde, une bouche qui ment.

LA VALLIÈRE, effrayée.

Vous êtes, je le vois, blessé profondément.
(Avec bonté.)
Les femmes sont pour vous.

MOLIÈRE.

Les femmes ? Ah ! nous sommes
Les dupes, voyez-vous, des femmes et des hommes.
Il leur faut des muguets, des faquins de velours,
Et des cerveaux légers, pour des jouets moins lourds.
Tout le reste leur pèse. — Elles aiment la gloire ?
Mon Dieu, je le croyais, car l'amour fait tout croire :
Jeune, sage, timide, et n'osant dire : non,
Belle enfant, il fallait lui donner un beau nom.
Allez, amour, beau nom, travaux, persévérances...
Demandez à Fouquet, l'intendant des finances !

LAVALLIÈRE.

Ah ! Molière, pardon, c'est un amour blessé.

MOLIÈRE.

Blessé ? mort à la place où le coup l'a laissé.

LAVALLIÈRE.

Oh ! Molière, pardon : votre âme est désolée.
Elle pleure elle-même.

MOLIÈRE, voyant ses pleurs.

Allons, c'est toujours moi qui vous ai consolée.
(Avec des sanglots étouffés.)
Savez-vous ce que c'est qu'un grand cœur abattu !
Près de douter de lui, sans un peu de vertu.
Voyez, j'avais raison, je suis triste et morose ;
Parlez-moi de bonheur, dites-moi quelque chose.

LA VALLIÈRE.

Vous êtes un grand homme !

MOLIÈRE.

Oh ! non, je suis maudit.

LA VALLIÈRE, avec affection.

Enfin, rappelez-vous ce que vous m'avez dit:
Regardez-vous, malgré l'insulte et le blasphème ;
Et pure, enivrez-vous, madame, avec vous-même.

MOLIÈRE, se rappelant ses paroles.

Oh ! oui, je m'en souviens.

LA VALLIÈRE.

Ami, frère ?

MOLIÈRE.

A genoux :
Versailles ne vaut pas, madame, un mot de vous.

SCÈNE V.

Les Mêmes, LE ROI, Mme DE SOISSONS, Mme DE MONTESPAN
LA COUR, Hommes et Femmes, Ministres, Ambassadeurs.

SANTA FIOR, le premier en scène.

(A Molière et à La Vallière.)
Gare, sauve qui peut! la guerre est générale,
Et l'Europe est en feu dans la tente royale !

LOUIS, transporté de colère ; il tient dans ses mains les dépêches de Londres.

Venez, venez, messieurs, pour un sujet pareil,

Le roi n'a pas besoin d'assembler le conseil ;
Saint Louis, notre aïeul, eût jugé sous un chêne
Et fait justice ; entrez, Versailles vaut Vincenne.
    (Montrant des papiers qu'il tient dans ses mains.)
Ces dépêches, messieurs, sont fort graves ; je croi
Que l'Europe m'appelle encor : le jeune roi !
Nous verrons quel vieillard, sous sa tête blanchie,
En Europe, est plus vieux que notre monarchie,
Et si nous n'avons pas, nous, Dieu, notre maison,
Et notre épée aussi pour suprême raison.
    (A l'ambassadeur d'Espagne.)
Monsieur l'ambassadeur, qu'avez-vous à répondre ?
Notre comte d'Estrade est insulté dans Londre ;
Le peuple a lapidé son carrosse à White-Hall,
Contre le droit des gens et notre droit royal.

L'AMBASSADEUR D'ESPAGNE.

Sa Majesté le roi de la Grande-Bretagne...

LOUIS, sans le laisser parler.

Pas de titres, monsieur l'ambassadeur d'Espagne,
Dites Charles Stwart, notre cousin germain.
Qui n'a pas oublié l'exil de Saint-Germain.

L'AMBASSADEUR D'ESPAGNE.

L'Espagne avait le pas ; quant au comte d'Estrade,
Le cérémonial...

LOUIS, l'interrompant.

Paroles d'ambassade ;
Je ne reconnais pas de cérémonial
Hors de Madrid, monsieur, et de l'Escurial.

L'AMBASSADEUR D'ESPAGNE.

Mais c'est un droit écrit...

LOUIS.

Mort depuis trois années,
Et qui ne passe plus, monsieur, les Pyrénées.
Prenez garde, monsieur, et Richelieu l'a dit,
La France a déchiré le traité de Madrid.

Le sang autrichien nous doit de vieilles dettes,
Et l'aigle de l'empire a trop de ses deux têtes.
L'ambassadeur d'Espagne a tort ; et quant au pas,
Philippe-Quatre est vieux et ne nous suivrait pas.
Nous sommes très chrétien, s'il est très catholique,
N'est-ce pas, monseigneur le nonce apostolique ?
Ferdinand d'Aragon n'était pas encor né,
Nous étions roi de France et votre fils aîné,
Et pour aïeul et père au trône d'Allemagne,
L'Espagne a Charles-Quint ? la France a Charlemagne !

L'AMBASSADEUR D'ESPAGNE.

J'attends des ordres, sire.

LOUIS.

   Et moi, je n'attends pas.
Et l'infante reprend sa dot des Pays-Bas.
Je déclare la guerre aux Provinces-Unies,
Je ferme vos comptoirs avec vos compagnies.

L'AMBASSADEUR D'ESPAGNE.

Sire, François-Premier ne parlait pas ainsi.

LOUIS, en roi et colère.

Dites à votre maître et dites-vous aussi,
Que vous m'avez parlé des malheurs de Pavie !...
Que j'ai jeté ce jonc...
      (Il jette sa canne.)
   Par respect pour ma vie,
Pour qu'on ne dise pas qu'un jour sur un faquin,
Le roi Louis-Quatorze a frappé Charles-Quint.
     (L'ambassadeur d'Espagne sort.)
En attendant la guerre et les champs de batailles,
Messieurs, je vous invite aux fêtes de Versailles.
      (Dans le groupe des femmes.)
Ah ! mesdames, pardon. — C'est mon métier de roi.
 (A Molière.)
La cour attend, Molière, on ne peut rien sans toi.

LA VALLIERE, à Louis, lui montrant Molière.

Voyez comme il est triste.

LOUIS.

Et pourquoi ?

MOLIÈRE, distrait.

                        Pardon, sire.
J'étais là.... je pensais, — j'oubliais qu'il faut rire.
J'enseigne tous les soirs moi-même mes écrits ;
Je vis d'esprit public avec tous les esprits,
Je suis....

LOUIS.

      Notre ami

MOLIERE.

            Sire, et je ne suis pas homme
A croiser une épée avec un gentilhomme.

LOUIS.

Je sais tout, et le roi ton maître, — querelleur !
Te défend....
                          Avec affection.
       De jouer ton sang contre le leur.
Bats-toi, poète, en vers ; — une belle équipée.

MOLIÈRE.

C'est vrai, sire, merci. — La plume vaut l'épée,
  (Avec respect.)
Vous êtes le grand roi. — Les rois, sans votre nom,
Ne peuvent plus tirer un seul coup de canon.

LOUIS.

Et les poètes...

MOLIÈRE, s'inclinant.

      Sire.

LOUIS.

      Ils ne se doutent guère...

MOLIÈRE.

Qu'ils vous doivent la paix quand vous faites la guerre
Pardon, sire.

LOUIS.

Eh bien ! va...

MOLIÈRE, s'inclinant.

Car je suis en retard.

LOUIS.

Faire rire l'Europe, on la battra pas plus tard.

(Il sort.)

LA VALLIÈRE, à Louis, lui montrant Mme de Soissons.

Pardonnez-nous aussi nos petites querelles.

LOUIS.

Querelles des enfans et des femmes entre elles.
(A Mme de Soissons.)
Comtesse de Soissons, faut-il vous supplier ?

MADAME DE SOISSONS.

Sire...

LOUIS.

Louis doit tout...

(Il se reprend.)

Ne doit rien oublier.

LA VALLIÈRE, à Mme de Soissons.

Nous ne remplaçons pas les amis qu'on nous ôte,
Et n'être pas aimé, c'est toujours notre faute.
Dans des momens, j'ai dit des mots, je ne sais quoi ;
Des riens, oubliez-les ; il est si bon, le roi.
(A Mme de Montespan.)
Et vous, Athénaïs, ne suis-je plus Louise,
Votre amie au couvent, votre sœur à l'église ;
Monsieur de Montespan m'a donc pris votre main ?
(Elles se donnent la main.)
Versailles ne fait pas oublier Saint-Germain.

MADAME DE SOISSONS, à La Vallière.

Allons donc, chère enfant, qui, moi, votre ennemie

SANTA FIOR, à part.

Voyez la bonne femme, avec sa bonhomie !

MADAME DE SOISSONS.

Ah ! vous êtes charmante.

(Elle l'embrasse sur le front.)

Ainsi donc, c'est fini.

SANTA FIOR, à part.

Traité de Mazarin, et signé : Mancini.

UN HUISSIER sur l'estrade, annonçant.

(A haute voix.)
La Princesse d'Elide.

LOUIS, se retournant.

Ah ! messieurs, à vos dames !

(En sortant, à toutes les trois.)
Le plaisir, n'est-ce pas la sagesse des femmes ?

(Ils montent à l'estrade, et toute la cour suit.)

SANTA FIOR.

Et moi, qui les regarde, — et qui sais sur mes doigts...

(Il fait un calcul avec sa main.)

Une, deux... — qui de deux... prend l'autre. — reste trois.

DE GUISE, montant le dernier à l'estrade.

La Princesse d'Elide ? — en vers ?

MARCILLAC.

Non, c'est en prose.

DE GUISE.

Tant mieux, je n'aime pas toujours la même chose.

SCÈNE VI.

SANTA FIOR, seul.

Toute la bergerie... — Ah ! les voilà parqués,
Tous les moutons du roi, numérotés, marqués.
Allez, allez danser, mes braves gentilshommes ;
Avec des violons on fait danser les hommes.
Molière me fait peur, il veut tout corriger ;

Cet homme, dans un bois, se ferait égorger.
Qu'on fasse ce qu'on veut, qu'on dérobe et qu'on tue,
Je ne bouge pas plus, moi, que cette statue.
Faire le don Quichotte et l'épée à la main,
Redresser de partout les torts du genre humain,
C'est tirer aux oiseaux dans une chenevière,
Et battre, comme on dit, les eaux dans la rivière.
J'aime bien mieux tout voir, tout laisser faire, et puis,
Dans le sauve-qui-peut, me sauver si je puis.
En bons termes bien nets, c'est un spectacle infâme ;
Assembler tout Paris pour cette pauvre femme !
Vous croyez qu'on y songe? Ah ! bien oui !

(On entend des applaudissemens.)

Des bravos !

On rit, on s'applaudit, comme aux fêtes de Vaux.
On appelle cela : les fêtes de Versailles !
On couvre ses plaisirs d'ombrage et de broussailles.
Paris joyeux arrive et danse là-dessus,
Et si bien que la honte, enfin, n'y paraît plus.

SCÈNE VII.

SANTA FIOR, LA VALLIÈRE. Elle descend de l'estrade, épouvantée.

SANTA FIOR.

Eh quoi ! belle duchesse, où courez-vous ?

LA VALLIÈRE.

Le sais-je?

Cette pièce...

SANTA FIOR.

Eh ! quoi donc, c'est fini ?

LA VALLIÈRE.

C'est un piége.

SANTA FIOR.

Duchesse, vos amours...

LA VALLIÈRE.

Cette femme, c'est moi.

SANTA FIOR.

La Princesse d'Elide, ou les amours du roi.
Et quel tort, avoir mis la femme qu'on couronne,
Reine, sur un théâtre, ou reine, sur un trône ?
Ce qu'on met sous vos pieds, duchesse, vous grandit.

LA VALLIÈRE.

C'est ma vie en spectacle...

SANTA FIOR.

Et vous, qu'on applaudit.
(Applaudissemens.)
Tant mieux, vous n'aurez plus si peur qu'on vous soupçonne;
Tout le monde le sait, nul n'en parle à personne.

LA VALLIÈRE.

Ah ! monsieur, vous pensez...

SANTA FIOR.

Je pense qu'en un mot,
On fait une sottise et l'on n'est pas un sot.
On n'a pas à moitié des torts comme les vôtres ;
Et quand on s'est trompée, il faut tromper les autres.

LA VALLIÈRE.

Quelles paroles !

SANTA FIOR.

C'est ainsi.

LA VALLIERE.

Depuis long-temps
Vous ne m'aviez parlé. .

SANTA FIOR.

C'est qu'il n'était pas temps.

LA VALLIÈRE.

Et d'où vient qu'à présent...

SANTA FIOR.

Vous êtes ingénue...

LA VALLIÈRE.

Vous ne me dites plus...

SANTA FIOR.

Mais si — je continue :
Quoi! parce qu'on est femme, aimer, pour s'enfouir?
C'est avoir des trésors et ne pas en jouir.
Demandez, demandez à l'homme le plus sage,
On a beau posséder, on n'a rien sans l'usage.

LA VALLIÈRE, avec ses terreurs de conscience.

Eh! vous croyez, monsieur, qu'on pense comme vous?

SANTA FIOR, jouant l'étonné.

Quoi donc?

LA VALLIÈRE.

Et que je suis perdue?...

SANTA FIOR.

Entendons-nous.

LA VALLIÈRE.

Que ces femmes...

SANTA FIOR.

Croyez aux femmes indulgentes !

LA VALLIÈRE.

Qui vivent dans le mal...

SANTA FIOR.

Sont les plus exigeantes.

LA VALLIÈRE.

Et lèvent haut la tête...

SANTA FIOR.

Et ne pardonnent pas
Ces fronts toujours baissés, qu'il faut frapper trop bas

LA VALLIÈRE.

Diront de moi...

SANTA FIOR.

Qu'il faut porter la tête haute ;
Ce qu'on appelle, enfin, couronner une faute.
Faillir ensuite, et dire au monde : Que veux-tu ?
Selon moi, c'est très mal, j'aime mieux la vertu.

(Il s'incline.)

LA VALLIÈRE.

Et comment nommez-vous cette misère immonde ?

SANTA FIOR.

Le miroir éclatant des choses de ce monde.

LA VALLIÈRE.

Et comment nommez-vous ces femmes ? Des démons,
Sans doute ?

SANTA FIOR.

Ah ! le serpent n'a jamais dit leurs noms.

SCÈNE VIII.

LES MÊMES, LOUIS, descendant de l'estrade avec précipitation.

LA VALLIÈRE, allant au devant du roi.

Oh ! Louis...

LOUIS.

Vous fuyez ?

LA VALLIÈRE.

Redites-moi vous-même.
Louis, si vous m'aimez ?

LOUIS.

Louise, si je t'aime ?

SANTA FIOR, à part.

La fin commence.

Il sort.

LOUIS.

Allons, même au sein du bonheur !

LA VALLIÈRE.

Croyez-vous que je sois une femme d'honneur,
Dites ?

LOUIS, ennuyé

Ce n'est pas vivre ; on se condamne à craindre,
Et puis toujours entendre une femme se plaindre !...
C'est fatigant !

LA VALLIÈRE.

Louis !

LOUIS, avec humeur.

Votre air défiguré
Va montrer, maintenant, que vous avez pleuré.
Essuyez-moi ces pleurs...
                    (Adoucissant ses paroles.)
J'aime mieux ton sourire.

LA VALLIÈRE, à son bras.

Oh ! oui, belle pour vous, pour vous l'entendre dire.
C'est que je crains...

LOUIS.

Encor?

LA VALLIÈRE, heureuse.

Je ne crains plus...

LOUIS, impatient.

Laissons
Cela.

LA VALLIERE, étonnée de sa dureté.

Mais qu'avez-vous, Louis?

LOUIS.

J'ai... mes raisons.

LA VALLIÈRE.

Cette comédie aussi, cette princesse
Qu'on ne nomme jamais, pour me nommer sans cesse ;
C'est ce prince d'Argos, de Sparte ou de Colchos.

LOUIS, avec gaîté.

Princesse, pardonnez votre prince d'Argos.
   (Il fait semblant de se mettre à ses pieds. — Toute la cour descend de l'amphithéâtre.)
Molière vient de faire une œuvre préférable
A tout ce qu'il a fait : l'histoire avec la fable,
La Grèce, le pays d'Homère !...
                 (Molière entre par la gauche.)
           Allons, viens donc,
Molière, la voilà ; demande-lui pardon.
   (Il la laisse à Molière pour s'en débarrasser, et il disparaît un moment au
milieu de la cour.)

LA VALLIÈRE, à Molière.

A-t-on bien applaudi ?

MOLIÈRE.

Ce n'est pas moi, Madame.

LOUIS.

A ses pieds, pour avoir fait pleurer une femme !

LA VALLIÈRE.

Je pardonne au génie.

MOLIÈRE.

A Molière, à genoux.

LA VALLIÈRE.

Êtes-vous bien vengé ?

MOLIÈRE, regardant de Guise et ses amis.

Je n'ai vengé que vous.

DE MARCILLAC.

Qu'en dis-tu, chevalier ?

DE GUISE.

C'est une rapsodie.
 (Molière entend toute cette scène.)
Ménage appelle ça l'*Antique Comédie*.
Térence et Plaute à Rome étaient...

DE MARCILLAC.

Les as-tu lus ?

DE GUISE.

Jamais, mon cher.

UN AMI DE GUISE.

Ni moi.

UN AUTRE AMI.

Ni moi.

SANTA FIOR , interrompant.

Ni moi non plus.

DE GUISE.

Des petits vers bourgeois faits comme de la prose.
 (A l'oreille de Marcillac.)
Le fils d'un tapissier, voilà, pas autre chose.
 (Il tire sa tabatière et l'ouvre.)
C'est un garçon d'esprit, mais j'aime mieux Boursault.

DE MARCILLAC, riant.

Ah ! ah ! le joli nom ! Comment dis-tu ?

DE GUISE, jouant avec sa tabatière ouverte.

Bour...

SANTA FIOR, avec les doigts dans la tabatière de Guise.

Sot !

DE GUISE.

Molière a beaucoup pris...

SANTA FIOR.

A la nature entière.
N'a-t-il jamais rien pris... dans votre tabatière ?

MOLIÈRE, à La Vallière.

Vous entendez, la gloire ; on dépend d'un bon mot
Dès qu'on a mis son nom dans la bouche d'un sot.

DE GUISE.

Henri-Trois, des mignons ; Louis-Treize, des prêtres ;
Nous avons d'autres gens, marquis, des gens... de lettres.
L'esprit devient public, tout va de haut en bas,
Et l'esprit maintenant...

SANTA FIOR, présentant sa tabatière ouverte à de Guise.

C'est de n'en avoir pas.

DE MARCILLAC.

La noblesse autrefois ne savait pas écrire.

DE GUISE.

Anne Montmorency qui n'a jamais su lire.

DE MARCILLAC, s'admirant.

Renaud de Montauban, tout habillé de fer,
Qu'en dis-tu, chevalier, n'avait pas ce bel air ?

DE GUISE.

Nous sommes comédiens, eh bien ! il faut, mordienne,
Souper, ce soir, chacun avec sa comédienne.
                              (Molière entend.)

SANTA FIOR.

Messieurs, je vous en prie, ayez un peu d'égard...

DE GUISE, continuant.

Je donne mon plus beau cheval pour la Béjart.

UN AMI.

Moi je prends la de Brie...

UN AMI.

                    Et moi, vaille que vaille,
Je prends, bah ! la petite...

DE MARCILLAC.

                    Et moi, je m'encanaille.

DE GUISE, à de Marcillac.

Et Molière, ce soir, peut-être convaincu...
                                        (Il lui parle à l'oreille.)
S'il n'est pas né poète, il sera né ....

MOLIÈRE, lui coupant la parole avec violence.

Vous mentez, chevalier ! — Votre arme ?

DE GUISE.

                                        Moi, me battre,
Me battre pour l'honneur des filles de théâtre !
Allons donc !

MOLIÈRE.

Chevalier, vous vous battrez, ou bien...

DE GUISE, par dessus l'épaule.

Me crois-tu fou, me battre avec un comédien !

MOLIÈRE, après un silence.

Alors...
            (Avec des éclats de rire.)
        Que dites-vous de cette bande
De Rolands furieux... dansant la sarabande ?
Vrai, je n'ai jamais vu, sous ces accoutremens,
De pareils comédiens, ni de pareils amans !

DE GUISE, à ses amis.

Messieurs...

MOLIÈRE.

Ah ! c'est Scarron et son *Roman comique* :
Un carrosse d'osier aux amans d'Angélique !

DE GUISE.

Insolent !

MOLIERE, avec le ton d'un marquis.

Moi, me battre ? un rien, qu'on nomme : un tel.
Eh ! comment feriez-vous pour m'écrire un cartel ?
Anne Montmorency, Anne qui se déguise.
Anne de Marcillac, deux fois Anne de Guise ?

DE GUISE.

Sortons, je sais aussi châtier mes valets !

MOLIÈRE, avec énergie.

Allons, un peu de cœur ! — C'est ce que je voulais.
(Ils vont pour sortir, toute la cour se sépare pour faire place: le roi paraît au
fond.)

LOUIS.

La royauté ce soir soupe avec le génie.
Voyez, messieurs, soyez de notre compagnie.
(Un service royal est dressé. Le couvert est disposé en fer à cheval. Les dames
prennent place tout autour, aux deux extrémités. — A gauche, de Guise et
ses amis; à droite, Molière. — Le roi, seul, est à l'intérieur, étendu sur des
coussins.)

DE GUISE, à ses amis.

Oh ! messieurs, quelle insulte ! et jamais Richelieu...

LOUIS.

Car le poète est roi, par la grâce de Dieu,
Comme nous.

DE GUISE, de sa place et debout.

Sire, au nom de la noblesse ancienne...

LOUIS, levant son verre.

A Molière, à Corneille, aux deux rois de la scène !

DE GUISE, au roi.

La maison de Lorraine et de Guise...

LOUIS.

Eh bien ! quoi?

DE GUISE.

N'a jamais eu pour pairs des comédiens...
(Molière se levant, son verre à la main ; spontanément.)
Au roi !

(Calme et digne.)
Périclès était sage, Octave était auguste,
François-Premier très grand, Louis-le-Grand très juste.

LOUIS, blessé.

Molière, puisqu'on craint de se mésallier,
Tiens, prends mon verre et fais honneur au chevalier.
    (A de Guise.)
Votre dernier neveu, chevalier, moins sévère,
Dira que Poquelin a touché votre verre.
(Molière vient prendre le verre du roi, et en passant devant le chevalier le salue,
il touche son verre, et revient s'asseoir.)

DE GUISE, de sa place, s'égayant avec ses amis.

Molière, à tes aïeux, pairs, ducs, princes ou rois !

MOLIÈRE, hors de lui, se levant avec le verre du roi dans la main.

A votre oncle Mayenne, assassin d'Henri-Trois !
Et, comme si j'étais encor sur mon théâtre,
A sa sœur, votre tante, assassin d'Henri-Quatre.
    (Au roi.)
Sire, permettez-moi, c'est un duel entre nous,
Il faut que tout ceci se passe devant vous :
Nous autres gens de cœur, nous autres gens de lettres,
Nous sommes las des beaux, des fats, des petits-maîtres,
Et de tous ces gens-là, qui couvrent de limon
Tout ce qu'on fait de bien en votre auguste nom.
    (A de Guise.)
Mais qui donc êtes-vous? c'est une raillerie,
Des danseurs des romans de la chevalerie?
Charlemagne et Roland, voilà les héritiers
De ceux de Roncevaux et de ceux de Poitiers,
Des baladins ! — Pardon, ombres chères et vaines,
Votre sang est trop vieux et n'est plus dans leurs veines.
Mais qui donc êtes-vous? un frondeur, un ligueur,
Des Guise balafrés sur des fronts sans rougeur,
Qui, depuis deux cents ans, tout armés de maximes,
Ont toujours des raisons pour commettre des crimes !
Des frondeurs de Paris, que Paris connaît mieux,
Des assassins de rue avec des noms fameux,
Les hommes avilis de nos guerres civiles,
Les restes écumés des troubles de nos villes,
Qui s'en vont, quand Paris n'est plus à ravager,

Avec Condé, porter la France à l'étranger !
        (Au roi.)
Ah ! vous faites bien, sire, en faisant bonnes chères
Aux héros *de Corinthe et des portes-cochères*,
Comme à des comédiens, pour que Paris, vraiment,
Admire la grandeur... de leur désœuvrement !
            (Mouvement du côté du chevalier de Guise et de ses amis.)
        (Plus fort.)
Silence ! —
        (Levant son verre.)
            Au roi ! je veux, sire, je vous supplie,
Attacher des grelots à toute leur folie.
        (A de Guise.)
Autrefois Richelieu, le très grand Richelieu !
Pour le repos du roi vous envoyait à Dieu ;
Ah ! c'est bien mieux ; des nains, habillés en Hercules !
Vous êtes bien plus morts, vous êtes ridicules.
Ah ! vous vous croyez tout, messieurs les partisans,
Frondeurs désespérés devenus courtisans,
Ah ! je n'ai pas d'aïeux ; mais Rome était ma mère,
J'ai pour père Térence, et pour aïeul Homère !
Parbleu ! vous êtes nés ? — Le beau jeu de hasard !
Je ne vois parmi vous ni Lebrun, ni Mansard,
Ni Boileau, ni Corneille, et, chose singulière,
Une bonté du roi fait que j'y vois Molière.
Gardez vos noms heureux, vos vices réjouis,
Laissez-nous, laissez-nous, le siècle de Louis,
La paix et le travail, les arts et l'industrie ;
Laissez-nous, laissez-moi vous faire une patrie,
Vivre, penser, chanter, et mettre par écrit
Ce que les gens de bien ont de cœur et d'esprit ;
Devant Louis-Quatorze et le fils d'Henri-Quatre,
Laissez-moi vous jouer jusque sur mon théâtre,
Pour que Molière vive après votre décès,
Et que l'on sache au moins si vous parliez français !
            Mouvement général, confusion. Tout le monde se déplace.

        DE GUISE, allant au roi.

Sire...

7

LOUIS, avec autorité absolue.

Le roi le veut, messieurs, la paix est faite.
En se jouant.
Le poète Molière... est le roi de la fête.
(A de Guise avec gaité froide.)
Ah! vous voulez monter Pégase, chevalier;
Allons, vous n'êtes pas assez bon cavalier.
(A l'oreille de Molière.)
Tu les as maltraités ; tant mieux !

MOLIÈRE, confus.

Pour me défendre.

LOUIS.

Tant mieux; cela me vaut deux campagnes de Flandre.
Le bourreau, c'était bon du temps du cardinal...
(Lui frappant sur l'épaule.)
Poète, qu'en dis-tu? c'est plus original.
(Se tournant vers de Guise.)
Eh bien ! messieurs, vraiment, c'est une *île enchantée*,
La comédie est bonne et bien représentée.
(Il rit dans son mouchoir.)

MOLIÈRE, à part.

La comédie! — Alors, ce n'était donc qu'un jeu !
Faux comme Mazarin, froid comme Richelieu !
LOUIS, à La Vallière toute tremblante pour Molière.
Ce n'est rien: j'ai lâché mes chiens dans la garenne.
Molière entend..

LA VALLIÈRE.

Elle offre sa main au roi : il retire la sienne.
Ah ! Louis, votre main.

LOUIS, froid.

Comment ! — avant la reine.
Il la quitte pour prendre la main de la reine, qui traverse la scène, suivie de la
cour.

LA VALLIÈRE, éclairée une dernière fois.

Avant la reine !

LOUIS.

Allons, messieurs, suivez le roi.

(Tout le monde suit.)

LA VALLIÈRE, à gauche.

Je n'avais pas compris !

MOLIÈRE, à droite.

Il s'est joué de moi !

LA VALLIÈRE.

Pourquoi suis-je venue, et pourquoi cette fête,
Ces bijoux, ces rubans et ces fleurs sur ma tête ?
Pour me parer aux yeux de tous, honteusement,
Et faire de ma honte un divertissement !
Oh ! c'est lui qui l'a dit, c'est lui qui me condamne ;
Sans doute elle est la reine... et moi la courtisane.

(Elle déchire ses ornemens, les foule aux pieds et tombe à genoux.)

Mon Dieu !

MOLIÈRE, allant à elle, calme et maître de lui.

Duchesse, allons, levez-vous, il faut bien
Venger la courtisane avec le comédien.

Il la relève. — Le cortége de la reine est au fond du théâtre, et défile sur une marche triomphale qu'on entend sous les ombrages du parc. — La fête là-bas, la honte sur l'avant-scène. — Le rideau baisse.

FIN DU TROISIÈME ACTE.

ACTE QUATRIÈME.

SCÈNE PREMIÈRE.

**MADAME DE MONTESPAN, MADAME DE SOISSONS, LA VALLIÈRE,
SANTA FIOR.**

(Mme de Soissons est à la porte du roi et parle à l'oreille de M^m de Montespan.
Santa Fior apparaît au fond et montre à La Vallière ses deux rivales. La Val-
lière est revêtue d'un long mantelet noir qui cache ses habits de Carmélite.—
Un voile noir sur sa tête ; deuil complet.

MADAME DE SOISSONS, à Mme de Montespan.

Allez et fiez-vous à ce que je vous dis.
   (Elle la pousse chez le roi et referme la porte.)
  (Sortant et se croyant seule.)
Ah ! tu crois l'emporter, dévote , en paradis.

LA VALLIÈRE, jetant son voile noir et s'avançant sur Mme de Soissons.

Madame, je veux voir le roi... qu'on me dérobe
(Elle indique du doigt la chambre du roi et la Montespan qu'elle a vue entrer.)
Ou derrière une porte, ou derrière une robe.
Je ne viens pas en femme... — Enfin, vous m'entendez ;
Je ne demande pas ce que vous demandez.
Je ne suis pas jalouse et n'ai pas tant d'envie :
A Dieu seul appartient le reste de ma vie !
Je demande le roi , madame, et viens savoir
S'il me sera permis de ne plus vous revoir.

MADAME DE SOISSONS

Madame, je ne sais... expliquez-vous, de grâce...

LA VALLIÈRE.

Eh bien ! je vais vous dire, alors, ce qui se passe.
On ne me bannit pas, on craint trop ; que fait-on ?
On m'exile à Versaille, à l'hôtel de Byron ;
On m'achète un hôtel, une maison en ville ;
Je suis assez perdue... On me croit assez vile,
Pour recevoir le prix des fautes que je fais ;
On me prend mon bonheur, on m'offre des bienfaits.
Et c'est vous...

(Mme de Soissons fait un mouvement de dénégation.)

       A présent je vous connais, madame !
Je sais tout. — Je l'ai vue, elle est là, cette femme !
Et c'est vous ! — Ecoutez, car je n'ai pas fini :
Voilà ce qui se passe, Olympe Mancini !

MADAME DE SOISSONS.

Vous vous plaignez ?

LA VALLIÈRE.

       Qui, moi? Non, ni de vous, ni d'elle.
L'amour est un joyau qu'on passe à la plus belle.
Je viens, c'est aujourd'hui fête au Palais-Royal,
Et j'arrive, et j'apprends... Le reste m'est égal ;
Ni dispute du roi, madame, ni partage ;
Vous pouvez... vous pouvez en faire davantage.
Mais qu'une Montespan sans pudeur et sans foi,
Qui paie à son mari les revenus du roi ;
Mais qu'une Mancini, dont le marquis de Vardes
Raconte les amours dans la salle des gardes,
Viennent, toutes les deux, devant moi se placer !
Retirez-vous, madame, et laissez-moi passer !...

(Elle force la porte du roi, le roi sort. Scène muette. Louis fait sortir d'un signe
Mme de Soissons et Santa Fior. Santa Fior, qui est resté sur la porte du fond,
tend la main à Mme de Soissons et l'éconduit avec toutes sortes de politesses.)

SCÈNE II.

LOUIS, LA VALLIÈRE.

LA VALLIÈRE.

Louis, me direz-vous?...

LOUIS, avec dureté.

Louise, des poursuites ?...

LA VALLIÈRE.

Oh ! non, j'ai fait la faute et j'en subis les suites.
Je n'oublierai jamais que vous êtes le roi ;
Le bonheur est pour vous et le malheur pour moi.
— J'ai perdu mes parens, mes amis les plus proches ;
Je n'avais plus que vous...

LOUIS.

Louise, des reproches?...

LA VALLIÈRE.

Je ne vous en fais pas, je ne me plains de rien ;
Mais laissez-moi pleurer, cela me fait du bien...

LOUIS.

Louise! — Elle a raison. — Voyons, le roi d'Espagne
Est mort, je fais la guerre ; une armée en campagne,
Savez-vous ce que c'est? — J'ai pris les Pays-Bas...
Mais enfin tout cela ne vous regarde pas.
Les affaires d'état ne vous tourmentent guère.
Voulez-vous donc aussi, vous, me faire la guerre?

LA VALLIÈRE

Si c'était votre gloire, encor ! — Mon cœur jaloux
Vivrait sans vous, pourvu qu'on me parlât de vous.
Mais c'est une autre femme..

LOUIS, à part, froidement.

Ah ! c'est plus difficile...
Avec ces raisons-là j'aurais déjà pris Lille.

(Haut.)
Mais je vous dirai tout...

LA VALLIÈRE.

De grâce ! Par devoir
Vous n'avez rien à dire et moi rien à savoir.

LOUIS, avec un retour de bonté.

Louise, — votre cœur est tendre ; un rien le blesse ;
Je ne puis vous parler... même d'une faiblesse ;
Vous ne comprenez pas qu'un homme peut ainsi
Succomber ; je suis roi, j'ai mes piéges aussi !
Que de femmes, voyez, on met sur mon passage !...

(Il s'approche d'elle avec bonne foi.)

C'est vrai, je ne suis pas un saint, pas même un sage.
Vous avez la raison ; moi, les entêtemens.
Je n'ai de votre amour que les emportemens.
Je ne me flatte pas : — je vous suis infidèle ?
Elle n'est pas meilleure, elle n'est pas plus belle ;
Mais cette femme, enfin, a d'étranges amours
Et défait tous les soirs mes vœux de tous les jours ;
Je ne vous dit pas tout ; je ne suis plus moi-même,
Et je ne sais pourquoi je l'aime et je vous aime.

LA VALLIÈRE, confusionnée et regardant la porte de la chambre du roi.

Ah ! sire, — j'ai du cœur, j'ai du courage... Enfin,
Mieux vaudrait travailler, être pauvre, avoir faim,
Mendier et trouver toutes les portes closes...
Plutôt que d'assister à de pareilles choses.

(Elle s'assied à droite, avec son visage dans ses mains.)

LOUIS, blessé et se faisant violence.

Eh bien ! si j'ai des torts, je veux qu'ils soient cachés.
Je ne me fâche pas... pourtant vous me fâchez.

LA VALLIÈRE, avec tendresse et toute en larmes.

Ah ! si vous ne vouliez qu'une femme à séduire,
Louis, vous le saviez, pourquoi ne pas le dire ?
C'était donc mon malheur qu'il vous fallait ? — Pourquoi ?
Mon Dieu ! vous en aviez là tant d'autres, sans moi !...

Puis, le mal qu'on nous fait, les vertus qu'on nous ôte,
Femmes, c'est notre faute, et toujours notre faute.

(Elle sanglote.)

LOUIS.

Elle pleure. — Louise !

(Il se rapproche d'elle.)

LA VALLIÈRE.

Oh ! mon beau Saint-Germain !...
Vous ne me parliez pas... vous me serriez la main.

(Il lui prend la main.)

Je vois encor la place où je me suis assise ;
Où je disais : Louis...

LOUIS.

Où je disais : Louise !

(Amoureux.)   *(Il est à ses pieds.)*

Oh ! tiens, je l'oubliais ; mais un seul mot de toi...

(Froid, mais de bonne foi.)

Que veux-tu ? je l'avoue, et tu vaux mieux que moi.
Ils m'ont mal élevé. Cette mauvaise enfance
Me reste dans l'amant et dans le roi de France.
Je sens à tout moment combien ce cardinal,
Qui m'a fait tant de bien, m'a fait aussi de mal.
Je fais ce que je peux, et j'ai beau me promettre,
Je suis maître de tout, et ne suis pas mon maître.
Mais pardonne-moi d'être et si faible et si fort,
Et dis-moi que j'ai tort... chaque fois que j'ai tort.

LA VALLIÈRE, réconciliée.

Est-ce bien vrai, Louis ?

LOUIS.

C'est bien vrai ; je déplore
Le mal que je te fais.

LA VALLIÈRE, avec amour.

Oh ! vous m'aimez encore !

LOUIS, tout à elle.

Tu m'as toujours rendu meilleur que je ne suis.

Je fais mieux, quand ce sont tes consils que je suis.
Je te l'ai dit cent fois ; puis ensuite, nous sommes,
Nous autres rois, si durs à ce métier des hommes...
Et Versailles nous gâte ; — il nous faut Saint-Germain.
Avec amour et lui baisant la main.)
Où j'attendais le soir pour te baiser la main.

LA VALLIÈRE, dans l'ivresse.

C'est donc le même amour...

LOUIS.

Avec les mêmes charmes.

LA VALLIÈRE.

Non, Louis, je n'ai plus que la beauté des larmes.
C'est que j'ai tant pleuré ! — Ces femmes sont bien mieux,
Et je comprends, l'amour veut un visage heureux.

LOUIS. Il se lève ; froid.

Pourquoi ce deuil ? — Allons, la paix est faite.
(Il lui tend la main.)
Vite,
La main, la main du cœur !
(Elle se lève heureuse.)
(Froidement.)
Molière vous invite,
Pour ce soir, au *Malade*.

LA VALLIERE, stupéfaite.

Oh ! Louis, est-ce un jeu ?

LOUIS.

Molière peut bien faire une infidèle à Dieu.
Il jouera pour vous seule.

LA VALLIERE.

Ah ! vous me rendrez folle ;
Vous changez de pensée en changeant de parole.

LOUIS.

Je ne vous comprends pas.

LA VALLIÈRE.

Tout à l'heure à mes pieds...

LOUIS.

Eh quoi ! je vous ai dit...

LA VALLIÈRE.

Louis, vous me trompiez.
Car elle vous attend.

LOUIS, sans ménagement.

Allons, autre querelle.
Quand ce n'est plus pour vous, c'est encore pour elle.

LA VALLIÈRE.

Ne vous en plaignez pas, Louis.

LOUIS.

Mais c'est affreux !

LA VALLIÈRE.

La crainte, c'est le tort de tous les malheureux.
Pardon, je vous irrite.

LOUIS, impatient, regardant à sa montre.

Ah ! — deux heures passées.
(En remettant froidement sa montre dans sa poche.)
Vous détournez le sens de toutes mes pensées.

LA VALLIÈRE, à part.

Il me compte le temps !

LOUIS.

Et tout m'est interdit.

LA VALLIÈRE, allant à lui avec bonté.

Louis, répétez-moi ce que vous m'avez dit.
J'irai, si vous voulez. — Il jouera...

LOUIS.

Quand je gronde...

LA VALLIÈRE.

Pour moi?

LOUIS.

Pour vous.

LA VALLIÈRE.

Moi seul?

LOUIS.

On n'est pas seule au monde.

LA VALLIÈRE, à part.

Comme il me trompe encor !

LOUIS.

Molière est commandé...

LA VALLIÈRE.

Vous ne répondez pas; je vous ai demandé...

LOUIS.

Le spectacle commence...

(à part.)
Et cet ennui m'assomme !
(Il tire de nouveau sa montre.)
Deux heures ! Voulez-vous?
(Il la lui présente.)

LA VALLIÈRE, à part.

C'est toujours le même homme !
(Timidement.)
Ces femmes y viendront?...

LOUIS.

Voyons, parlons plus court.

LA VALLIÈRE.

Ces femmes y viendront?...

LOUIS.

Avec toute la cour.

LA VALLIÈRE.

Cette femme y sera?...

LOUIS.

Je ne suis pas le maître.

LA VALLIÈRE.

Madame de Soissons, — et la reine peut-être...
Devant tout ce public !

LOUIS.

Bien à plaindre, ma foi !

LA VALLIÈRE.

Et que dira Paris?

LOUIS.

Paris... verra le roi.

LA VALLIÈRE.

Quoi ! la reine, Soissons, Montespan, La Vallière,
Quatre femmes? — Vraiment, et que dira Molière?
Oh ! vous me l'avez dit : « Quand je suis faible et fort,
» Montrez-moi que j'ai tort, chaque fois que j'ai tort, »
Vous êtes dur, cruel, et sans pitié.

LOUIS.

Louise !

LA VALLIÈRE.

Et vous ne voulez pas, alors, qu'on vous le dise.
On ne saura jamais tout ce que j'ai souffert,
Car vous comprimez tout dans cette main de fer.

LOUIS.

Louise !

LA VALLIÈRE.

Oh! vous croyez qu'on nous prend, qu'on nous laisse
Et qu'après, tout est dit avec un mot : faiblesse !
Non, sire, et c'est au roi que je parle à présent,
C'est mal ; vous enseignez le mal, en le faisant,

Et vous voulez que moi, qui n'ai pu rester sage,
J'aille montrer ma honte et faire bon visage.

LOUIS, regardant autour de lui.

Silence !

LA VALLIÈRE.

Ah ! votre orgueil ne comprend pas comment
Je vous parle plus fort que votre parlement ;
C'est que je suis perdue et j'ai la voix bien haute,
Car mon malheur m'élève au dessus de ma faute ;
Moi, que j'aille, en public, traîner un cœur blessé
Et ce reste d'honneur que vous m'avez laissé,
Et montrer, sans rougir, à ce qui m'environne,
Quatre fronts couronnés de la même couronne !
Vous confondez le bien, le mal, la nuit, le jour..
Le cœur est donc bien sombre, où s'est éteint l'amour !

LOUIS.

Louise, oubliez-vous...

LA VALLIÈRE.

Je ne sais plus rien, sire,
Je ne sais qui me parle, et je puis tout lui dire ;
Ce n'est plus un amour, ce n'est plus un amant,
C'est un affreux mensonge, et c'est un roi qui ment !

LOUIS.

Ah ! ne voyez-vous pas combien je me tourmente ?
Ce n'est plus un amant querellant son amante,
C'est Louis qu'on outrage...

Il lui a pris la main : elle jette un cri et tombe sur un fauteuil.

LA VALLIÈRE.

Ah !... je m'évanouis.

LOUIS.

Et c'est le roi qui souffre encor plus que Louis...

(Il regarde autour de lui.

Je sors, car si quelqu'un vous avait entendue,
Vous en avez trop dit, et vous seriez perdue !

Il sort.)

SCÈNE III.

LA VALLIÈRE, SANTA FIOR, puis MOLIÈRE.

SANTA FIOR, au fond, sur la porte de la galerie.

Je n'ai rien entendu...

Il entre en scène
                  Bien, j'ai beau jeu, ma foi,
Car j'ai joué la dame et je tourne le roi.

LA VALLIÈRE, essuyant ses larmes et se levant résolue

Marquis!..

SANTA FIOR, montrant la chambre du roi.

              Je vous l'ai dit : pour l'amour ou la haine,
Madame de Soissons est une Italienne.

LA VALLIÈRE.

Je veux la voir !

Elle entre chez le roi.

SANTA FIOR.

            Très bien. — jaloux contre jaloux,
J'en sais de plus agneaux qui deviennent des loups.
Maintenant on se hait, maintenant on s'abhorre.
Marquis, vous êtes duc ! — Molière !

Molière entre par la galerie de la Comédie-Française.

MOLIÈRE, à un huissier en lui remettant une lettre.

                        Pas encore.

Il écrit un mot de plus sur la lettre.

Attendez, — c'est cela, — vous direz que, ce soir,
Je ne puis pas jouer ; vous voyez ce mouchoir...
Allez, je vous attends, de deux heures à quatre,
Par cette galerie, au foyer du théâtre.

Apercevant Santa Fior.

Santa Fior, j'ai trop dit de mal des médecins ;
Ils se vengent. Mais Dieu vaudra mieux que ses saints.

SANTA FIOR.

Qu'as-tu donc? Te voilà comme à ton ordinaire.

Jaloux, par vision, malade, imaginaire.

MOLIÈRE.

Je voudrais bien t'y voir : comédien, directeur,
Et par dessus poète ; une machine auteur.
De Toulouse à Paris j'amène un tas de drôles
Qui ne comprennent rien, mes pièces, ni leurs rôles.
Je les dresse à jouer, je me fais comédien,
Je gagne, à ma sueur, leur pain quotidien ;
Autre chose, autres gens, autres mœurs à combattre ;
Après le monde, il faut refaire le théâtre.
Je voulais répéter... c'est à devenir fou ;
La de Brie est au cours ; ma femme... on ne sait où.
Tiens, je voudrais, ce soir, jouer... le *Misantrope*.
Leur montrer — ce qu'ils n'ont pas vu — sous l'enveloppe
D'Alceste, mes chagrins cachés, — honteux...

SANTA FIOR.

　　　　　　　　　　　　　　J'entends :

Avec ta Célimène, infidèle à vingt ans.
Alors, je vais jouer Philinte, — Allons, que diable !
Ta femme ? tu l'as dit : le cas n'est pas pendable.
Quand on a ri quinze ans, des autres, comme toi,
Il faut donner revanche, et rire un peu de soi.

MOLIÈRE.

Qui t'a dit que ma femme...

SANTA FIOR.

　　　　　　　　　　Encore une querelle !
Comme Georges Dandin ou comme Sganarelle...
　　(Il déclame.)
La femme est, dit mon maître, *un certain animal,*
Difficile à connaître...

MOLIÈRE.

　　　　　Assez.

SANTA FIOR.

　　　　　　　　Bah ! — le grand mal !

Il déclame de nouveau.

Aristote souvent — *Traité des femmes folles,*
Les compare à la mer...

MOLIÈRE, blessé.

Ah !

SANTA FIOR.

Tes propres paroles.

MOLIÈRE.

Comédie et grimace, et faux rire moqueur,
Qui cache à tous les yeux ce que j'ai dans le cœur.

SANTA FIOR.

A la bonne heure ! — Alors, donne-moi, je te prie,
Un bon conseil. — Faut-il...

MOLIÈRE.

Quoi ?

SANTA FIOR.

Que je me marie ?

MOLIÈRE.

Toi.

SANTA FIOR.

Moi ; je ne puis pas te dire mes raisons :
Enfin, je me marie... en comte de Soissons.

MOLIÈRE, tout à sa douleur.

Ta femme... est jeune ?

SANTA FIOR.

Oui, jeune ; enfin, tu vas comprendre.
Je n'ai plus qu'un parti, c'est le dernier à prendre,
Et je le prends.

MOLIÈRE.

Ta femme...

SANTA FIOR.

Et j'y suis préparé.

MOLIÈRE.

Tu l'aimes?

SANTA FIOR.

Tu le vois, comme un désespéré.

MOLIÈRE.

Elle est belle?

SANTA FIOR.

Elle est plus que belle, elle est charmante.

MOLIÈRE.

Tu n'auras que l'épouse, un autre aura l'amante.

SANTA FIOR.

Non.

MOLIÈRE.

Tu seras trompé.

SANTA FIOR.

Non.

MOLIÈRE.

Jaloux.

SANTA FIOR.

Non.

MOLIÈRE.

Fou.

SANTA FIOR.

Non.

MOLIÈRE.

Et tu ne sauveras rien, pas même ton nom ;
Ce trésor amassé, dont tu fus économe,
Ce trésor de vingt ans, le nom d'un honnête homme ;
Alors tu sentiras, jeune et déjà bien vieux,
Tes chagrins, sur ton front, blanchir dans tes cheveux.
Tu douteras de toi, tu ne voudras plus croire,
Ce vide sans repos, sans bonheur et sans gloire.

SANTA FIOR.

Je te croyais plus sage.

MOLIÈRE.

Ah ! mon pauvre Scapin,
Où sont nos jours heureux qui n'avaient pas de pain ;
A Toulouse, inconnus, sans nom, sans renommée,
C'était la flamme, alors ; à présent, la fumée.
Il ne m'était resté qu'une amie, une sœur,
Elle me voyait faible et me donnait du cœur ;
Elle me consolait des hommes et des femmes ;
Ils l'ont déshonorée, et puis chassée. — Infâmes !

SANTA FIOR.

Qui ? La Vallière ? erreur, mon cher, avant huit jours,
Tu verras refleurir ses secondes amours.
Elle n'est pas partie ; — une femme jalouse
Ne s'en va pas.

MOLIÈRE.

Comment ?

SANTA FIOR.

C'est elle que j'épouse.

MOLIÈRE, éclairé comme par un coup de foudre.

Vous en avez menti, marquis de Santa Fior,
Vous en avez menti, vous dis-je.

SANTA FIOR, intimidé.

Pas si fort !

MOLIÈRE, élevant la voix.

Et malgré cet habit de fripon ou de traître,
Avez-vous oublié que je suis votre maître,
Et que je puis d'un mot vous dépouiller...

SANTA FIOR.

Plus bas !

MOLIÈRE, élevant toujours la voix.

Du masque et de l'habit...

SANTA FIOR.

Tu ne le feras pas.

MOLIÈRE.

Et votre maître encor, dans cette trame ourdie ,
Vous déjouer comme un valet de comédie.
Avez-vous oublié que j'ai là ce qu'il faut
Pour ameuter la Grève autour d'un échafaud ;
Et si le roi le veut, rouer de chaque membre ,
Votre noblesse enfin d'alcôve ou d'antichambre ?

SANTA FIOR.

Que faut-il faire ?

MOLIÈRE.

Oh ! rien , je ne sais , c'est trop tard.
Vous jouez toute chose à ce jeu de hasard.
Le hasard réglera vos comptes et les nôtres.
Le hasard nous perdra pour vous sauver vous autres !

SANTA FIOR.

Bien , très bien.

MOLIÈRE, hors de lui-même.

A genoux , malheureux , à genoux !
Allons, nous sommes seuls, nous ne sommes que nous,
Vous avez insulté devant moi La Vallière ;
Je suis à Montauban votre maître Molière.
Je vous ai recueilli sans asile et sans pain ,
Je vous ai revêtu d'un habit de Scapin.

SANTA FIOR, à genoux.

(A part.)
Bien. — Je le sais.

MOLIÈRE.

Marquis, vous êtes un infâme.
Jusque dans un couvent vous cherchez une femme,
Et vous vous en dotez , vous aussi, grand seigneur,
Pourvu qu'elle transige avec son déshonneur.

SANTA FIOR.

Mais, Molière, j'ai fait ce qu'a fait, en personne,
Le comte de Soissons, ou le prince Colonne;
Ce qu'a fait Montespan, sans en être jaloux,
Ce que font...

MOLIÈRE. Il s'est retourné.

Par respect pour elle, levez-vous.
Pas d'explication.

SANTA FIOR, se relevant avec un éclat de rire.

Quelle plaisanterie !
Ils ont fait de l'amour une galanterie :
Ce sont les mœurs du temps ! — Ce n'est pas ton avis.
Tu veux les corriger, tu fais bien; — moi, j'y vis.
Il faut toujours cent ans pour changer un usage,
En attendant cent ans, j'ai pris la chose en sage.
                              (Il rit plus fort.)
Et mon tort, mon seul tort, c'est que j'ai fait comme eux,
Et que j'ai plus d'esprit, si je ne vaux pas mieux.
                      Avec respect et familiarité.
Grand homme, tu m'as fait une peur effroyable.

MOLIÈRE, stupéfait.

Je le croyais méchant, ce n'est qu'un misérable !

SANTA FIOR.

N'importe, je vous tiens pour un grand raisonneur,
Mon maître, et je vous crois, ma parole d'honneur.
Molière misantrope a parlé comme Alceste,
Mais Philinte a raison, mon maître, et je proteste:
C'est du Molière.
                  Il s'incline avec respect.

MOLIÈRE.

Allons, je suis battu par moi.

SANTA FIOR.

C'est de la comédie, et mon maître, c'est toi.
    La cour passe au fond de la galerie. Le roi conduit Mme de Montespan par la
main. La Vallière est sortie de la chambre du roi et les regarde à travers
le vitrage.

MOLIÈRE ,   retombé dans sa mélancolie

Bien, touche là, Scapin, ton maître te pardonne;
Le monde est au plus fourbe, et je te l'abandonne.

LA VALLIÈRE,   tombant au pied de la galerie en voyant passer la Montespan.

Molière !

SANTA FIOR.
(Il se retourne et voit La Vallière pour la première fois.)

Elle écoutait !

LA VALLIÈRE.

Oh ! le cœur déloyal !

SANTA FIOR.

Allons, tout est perdu !

(Il sort, honteux, en homme déjoué.)

SCÈNE IV.

LA VALLIÈRE, MOLIÈRE.

(Molière relève La Vallière et la ramène à l'avant-scène.)

MOLIÈRE.

Vous, au Palais-Royal
Qu'y venez-vous chercher? des insultes, madame.

LA VALLIÈRE.

Oh ! non, j'ai voulu voir et j'ai vu cette femme.

MOLIÈRE.

Vous ne savez donc pas?...

LA VALLIÈRE.

Prenez pitié de moi.
J'ai voulu voir Louis, je n'ai vu que le roi.

MOLIÈRE.

Les mœurs du temps !... — nos sœurs, nos filles et nos femmes
Désertent nos foyers et reviennent infâmes.
Et ce monde me siffle et jette ses clameurs.

Aussitôt que je veux crier contre les mœurs.
Ah! tenez, quand je vois la beauté, la jeunesse,
Et le plus noble cœur que le monde connaisse,
Méprisés, profanés. — je ne sais qui me tient,
Quelque chose de vous, madame, m'appartient.
Les poètes sont faits sans doute avec votre âme,
Avec l'esprit d'un homme et le cœur d'une femme,
L'injustice m'irrite ; et puis je ne sais quoi,
J'ai tant souffert, les maux d'autrui souffrent en moi...
Quand je vous vois pleurer, j'en veux savoir la cause,
On dérobe mon bien, on me prend quelque chose.
Vous n'êtes qu'une femme, oh ! mais nous sommes, tous,
Allez, ne craignez rien, nous sommes tous pour vous.
Les poètes surtout, et vous pouvez m'en croire,
Vous aiment d'un amour aussi beau que la gloire,
Et croyez-vous enfin, madame, voyez-moi ,
Qu'un poète à vos pieds, ne vaille pas un roi !

LA VALLIÈRE.

Oh! Molière, j'écoute et j'admire et je pleure,
Parlez, vous êtes bon, et je me sens meilleure.

MOLIÈRE.

Nous n'avions que du cœur ; — nous sommes, je vous dis,
Vous femme et moi poète, et tous les deux maudits.
Regardez à vos pieds, Molière qui vous aime,
Non pas de leur amour, car ils ont tous le même.
Malgré tout ce respect que je mets entre nous,
C'est toujours le malheur qui me ramène à vous.
Vous m'avez consolé, vous, pauvre infortunée,
Et c'est plus qu'un amour, c'est une destinée.

UN HUISSIER, sortant de la chambre du roi.

Sa majesté...

MOLIÈRE.

Ma lettre ? Eh bien...
> L'huissier lui remet sa propre lettre.

L'HUISSIER.

Lisez au bas.

MOLIÈRE, après avoir lu.

Je ne puis pas jouer, — et je ne jouerai pas.

(Il déchire la lettre.)
(L'huissier sort.)

LA VALLIÈRE, effrayée.

Vous vous perdez aussi !

MOLIÈRE.

Tant mieux ! — Je vous répète
Que je suis fatigué du métier de poète ;
C'est pire qu'une femme, on nous...

UN HUISSIER, à la porte de la galerie du théâtre.

On vous attend.

MOLIÈRE.

Le monde, vous voyez, nous achète, en entrant.

L'HUISSIER.

La cour arrive.

MOLIÈRE.

Eh ! bien ?

L'HUISSIER.

Que faut-il dire ?

MOLIÈRE.

Dites
Que les muses ne sont pas des filles séduites.

LA VALLIÈRE.

Que faites-vous ?

L'HUISSIER, reparaissant.

Le roi vient d'entrer...

MOLIÈRE.

Ah ! parbleu !
Il attend, j'attends bien l'esprit... qui vient de Dieu !

LA VALLIÈRE.

Ah ! Molière...

MOLIÈRE.

Mes yeux s'ouvrent comme les vôtres ;
Je sais cet homme-là, comme je sais les autres.
Croyez-vous qu'il me trompe, et que je ne vois pas
Que, quand il veut frapper, il se sert de mon bras ?
La Montespan peut bien immoler La Vallière,
Mais ce ne sera pas sous les coups de Molière.
Oh ! je le sais, cela date de Saint-Germain,
Je suis un instrument dans une habile main.
J'ai joué les bourgeois, la noblesse, et peut-être...
Que mon *Tartufe*, allez, était son coup de maître.
Eh ! que me reste-t-il ? Il me reste à présent,
L'*Amphytrion* peut-être, ou l'époux complaisant.
Et devant tout Paris... je ne puis pas tout dire ;
Je jouerai Montespan, car sa femme veut rire.

UN GENTILHOMME DE LA CHAMBRE, au fond du théâtre.

Le roi fait demander Molière.
> Il attend sur la porte : — long silence ou personne n'ose parler.

MOLIÈRE, à La Vallière.

Et vous ?

LA VALLIÈRE.

Allez.

MOLIÈRE, bas à La Vallière.

Et la marquise aussi sans doute ? et vous voulez...
> Elle lui fait signe d'obéir.

Et la comtesse...

LA VALLIÈRE.

Chut !

MOLIÈRE.

Et ces marquis infâmes
Qui sifflaient l'an passé mon *École des Femmes* !
Méchans ? — ce n'était pas assez...

LA VALLIÈRE.

Chut !

MOLIÈRE.

                    Ils sont fous.
Les précieuses n'ont pas rougi?..

LA VALLIÈRE.

                    Taisez-vous !
Allez ; vous m'avez dit, Molière, de vous croire ;
Vous m'aimez d'un amour aussi beau que la gloire.
Allez, la gloire attend ; — allez, roi des esprits,
Car tout Paris veut voir son enfant de Paris.

MOLIÈRE.

Madame...

LA VALLIÈRE.

        Votre main.
          (Il fait un mouvement pour se mettre à genoux.)
           Relevez-vous, Molière.
Si quelqu'un vous voyait aux pieds de La Vallière,
Ces femmes, car je pleure et vous fais mes adieux,
Ne sauraient pas pourquoi nous pleurons tous les deux.
Si je ne vous vois plus, pensez à moi.

MOLIÈRE.

                Sans cesse.

LA VALLIÈRE.

A la pauvre Louise, à la pauvre duchesse !
Ah ! du sang ! qu'avez-vous ?

      MOLIÈRE met son mouchoir devant sa bouche.

   (Avec des sanglots.)
             Eh ! que craignez-vous tant ?
Pardon, vous voyez bien, madame, qu'on m'attend.
           (Il sort.)

SCÈNE V.

LA VALLIÈRE, seule.

Et maintenant partons.
>   (Elle s'enveloppe de son voile noir.
Traversons cette fête ,
Dans ce voile des morts qu'ils ont mis sur ma tête.
>   (Elle s'arrête.)
Mais pour m'offrir au ciel, le ciel veut-il de moi ?
Comment, après avoir quitté Dieu pour le roi,
Quitté le roi pour Dieu , deux fois parjure, irai-je
Présenter aux autels un amour sacrilége ?
Et comment dire à Dieu qui m'ouvre encor ses bras :
Je n'apporte qu'un cœur dont ils ne veulent pas?...
>   (Elle retombe sans courage sur un fauteuil et pleure à sanglots.)
Ecrivons...
>   (Elle écrit et s'interrompt alternativement.)
Mes adieux. Et le monde me blâme !
Oser aimer le roi, c'était trop, pauvre femme !
Mon Dieu, qui voyez tout, mon Dieu, qui savez tout,
Oh ! ce n'est pas orgueil, je l'eusse aimé partout,
Dans le peuple, et sans bien, et roi sans sa couronne,
Mon cœur est sous ses pieds plus royal que son trône.
>   (Elle écrit.)
Mes adieux — les derniers.
>   (Elle plie sa lettre.)
Quand il les aura lus...
>   (Ses larmes coupent ses paroles.)
Mon Dieu, pardonnez-moi, je ne le verrai plus.
Partons.

SCÈNE VI.

LA VALLIÈRE. SANTA FIOR.

(Santa Fior paraît dans le fond du théâtre pâle, et décontenancé.

SANTA FIOR, au fond du théâtre.

Elle sait tout... — que faire ?

LA VALLIÈRE, avec sa lettre à la main.

La sentence
De Dieu ; j'ai fait la faute, il faut la pénitence.

SANTA FIOR, à part.

Une lettre ! — Perdu.

LA VALLIÈRE. Elle sonne.

Quelqu'un qui porte au roi.,.
(Paraît un huissier.

SANTA FIOR, qui épie ses mouvemens.

Dénoncé, plus désespoir.

LA VALLIÈRE.

Cette lettre...

SANTA FIOR.

(Entre l'huissier et La Vallière.
C'est moi.
Madame, un dernier mot : Grâce !

LA VALLIÈRE, de l'autre côté de la scène.

Toujours cet homme !

SANTA FIOR.

Donnez-moi tous les noms dont Molière me nomme,
Appelez-moi le fou du roi, le roi des fous,
Quand vous aurez tout dit, j'en dirai plus que vous.
J'ai combattu dix ans ma mauvaise fortune ;
Je n'ai pas de famille et je m'en suis fait une...

LA VALLIÈRE, sans le laisser achever, se dressant devant Santa Fior, calme.

Voyons, regardez-moi, marquis de Santa Fior,
Face à face, je suis bien faible et vous bien fort,
Je ne pleurerai plus devant vous...

SANTA FIOR, intimidé.

Oh ! — Madame...

LA VALLIÈRE. Elle avance sur lui ; il recule à mesure qu'elle avance.

Vous avez assez ri des larmes d'une femme.

Allez, et dites-lui qu'en partant, mes adieu
Étaient pleins de pardons pour un crime odieux,
Et que vous m'insultiez encore à mon passage.
Allez, le messager est digne du message.

SANTA FIOR, confus et se dérobant.

Madame...

LA VALLIÈRE, avec autorité.

Écoutez-moi — jusqu'au dernier moment,
Et regardez-moi bien, c'est votre châtiment.

SANTA FIOR, ému.

Pardon...

LA VALLIÈRE.

Écoutez-moi : — je pars ; je suis venue ;
J'ai traversé ce monde, on ne m'a pas connue ;
Et j'emporte pour Dieu ce que j'ai de meilleur,
Car j'ai mon repentir, plus grand que mon malheur.

SANTA FIOR.

Madame...

LA VALLIÈRE.

Dites-lui que je suis enfermée.
Que je sais, à présent, qu'il ne m'a pas aimée ;
Mais qu'il m'a fait souffrir, parce que je l'aimais,
Plus d'angoisses d'amour qu'on n'en saura jamais.

SANTA FIOR.

Madame...

LA VALLIÈRE.

Dites-lui que je parlais sans haine,
Que je vous l'ai juré sur cette croix d'ébène,
Elle tire une croix de son sein.
Le seul que j'ai gardé de tous les biens humains,
Vivante, sur ma lèvre, et morte, entre mes mains.

SCÈNE VII.

SANTA FIOR, LA VALLIÈRE, MOLIÈRE, ensuite **BOSSUET, LOUIS
ET TOUTE LA COUR.**

(Au moment où La Vallière part, Molière paraît au fond du théâtre, dans le
désordre de la plus grande exaltation. Il est entouré de toute la cour.)

LA VALLIÈRE.

Molière !

MOLIÈRE.

Applaudissez, comme à la comédie !

LA VALLIÈRE.

Qu'avez-vous ?

MOLIÈRE.

Ce n'est rien ; c'est cette maladie :
(Il éloigne tout le monde.)
Oh ! pas de médecin, je n'en ai pas besoin !
(Calme, à La Vallière.)
Vous allez au couvent ? — Moi, je vais bien plus loin.
Oh ! pas de médecin, je ne veux plus personne.
(Froidement.)
Je ne suis pas malade ; allez, la tête est bonne.
(Il ôte un anneau de son doigt.)
Qu'on porte cette bague à monsieur Bossuet ;
Dites-lui qu'on nous a brisés comme un jouet ;
Il saura ce que c'est...
(A La Vallière.)
Qu'on lui dise, madame,
Que cet homme n'a pas pu sauver cette femme ;
Qu'il vienne... et vienne enfin miséricordieux,
Et qu'au lieu d'un malheur, il en trouvera deux.
(Il tombe sur un fauteuil qu'on apporte au milieu du théâtre.)
(A La Vallière qui pleure à ses pieds.)
Ils ont bien applaudi... bien ri les uns des autres ;
Ils ont bien immolé mes jours avec les vôtres,
Bien mêlé, vous voyez, mon sang avec mes pleurs,
Et puis s'en sont allés, — et s'en vont rire ailleurs !

LA VALLIÈRE.

Ne parlez pas, Molière !

MOLIÈRE.

Oh ! vingt fois dans ma vie,
Je perds ainsi mon sang, — blessures de l'envie,
J'en ai reçu quinze ans...

(Avec une convulsion.)
J'étouffe...
(On défait ses vêtemens pour le soulager ; le portefeuille de Fouquet tombe de
son sein et s'ouvre dans ses mains ! il le prend et le dérobe.
Le voici
Sans doute ce serpent qui me déchire ainsi !
(Avec des sanglots convulsifs.)
Molière perd son sang, Molière rend son âme ;
C'est qu'il a dans son sein la honte de sa femme.

UN HUISSIER, celui qui a porté l'anneau à Bossuet.

Il descendait du Louvre...

MOLIÈRE.

Oh ! pas de médecin,
Un prêtre ?

L'HUISSIER.

Le voici.

MOLIÈRE.

Dieu, mais pas d'assassin !
(A La Vallière.
Voici ma main, madame, et donnez-moi la vôtre ;
Ces lettres d'un côté, La Vallière de l'autre ;
Je voudrais qu'on fût là : — ni marquis, ni seigneur,
Mais mon parterre, plein de bon sens et d'honneur ;
Je lui dirais : voilà la femme la meilleure,
(Montrant ses lettres.)   (Montrant La Vallière.)
Voilà ce qui triomphe... et voilà ce qui pleure,
Voilà ce qui s'achète avec l'argent de cour,
Et voilà ce qui meurt de son premier amour !
Un infâme désordre, — un amour adorable,
— Et bonheur assuré, — malheur irréparable !

Et demandez, quand tout est perdu, dans ce jeu,
Aux femmes des regrets, et la justice à Dieu !

(Entre Bossuet.)

BOSSUET, empressé.

En effet, cet anneau... c'était un gentilhomme
De la maison du roi, — mais son nom...

MOLIÈRE, se levant.

Je me nomme.

(Il retombe.)
Monseigneur...

LA VALLIÈRE.

Le voici.

BOSSUET.

C'est bien lui.

MOLIÈRE, en face de Bossuet, se levant.

Monseigneur,
Avez-vous un pardon pour un homme d'honneur ?

BOSSUET, empressé.

En doutez-vous, mon fils ? — en doutez-vous, mon frère ?

MOLIÈRE.

Je n'ai pas fait le bien que je n'ai pas pu faire,
Voilà tout.

BOSSUET.

C'est assez.

MOLIÈRE.

Ils diront, si je meurs,
Que j'ai passé ma vie à corriger leurs mœurs.

BOSSUET.

Dieu n'a que des bontés pour une âme aussi belle.

LA VALLIÈRE, embrassant les mains de Bossuet.

Oh ! merci, monseigneur.

MOLIÈRE, calme et avec toute son intelligence.

> Et maintenant, pour elle,
> Et puisqu'il faut tout dire à mon dernier aveu,
> Voici ce que ma voix déclare devant Dieu :
> Puisque vous l'avez dit, puisque je suis son frère,
> C'est la confession que je voulais vous faire.
> Mon siècle est dans ma main, et comme ces papiers,

(Il montre les lettres de Fouquet.)

> Je voudrais en lambeaux le mettre sous ses pieds.

(Élevant la voix.)

> Voici ce que Fouquet leur payait en richesses,
> Et ce qu'on lui rendait, largesses pour largesses !

LOUIS, suivi du reste de la cour.

> Oh ! quel malheur !

MOLIÈRE debout, au roi, et maître de la scène.

> Pardon ; nous sommes au parquet
> Où le parlement, sire, a condamné... Fouquet.

(Regardant Bossuet et le roi alternativement.)

> Monseigneur, quelles sont les peines de l'Église
> Pour la honte publique, et qui nous scandalise,

(Il regarde le roi, qui comprend et se dérobe.)

> Soyez juge pour Dieu, vous, avec votre loi...

(Le roi fait un mouvement.)

> Le parlement a fait justice pour le roi.

(Au roi.)

> Dieu permet aux mourans toute vérité, sire,
> Et Votre Majesté m'a permis de tout dire...

(A La Vallière.)

> Eh bien ! devant le roi, madame, sans pitié,
> Déchirez leur vertu, tenez, par la moitié...

(Il déchire des lettres.)

> C'est votre tour. — Le roi ne sait pas que l'envie
> Déchire ainsi votre âme et toute votre vie.

LOUIS, avec autorité.

> Quoi donc ?

MOLIÈRE, à La Vallière.

> Le roi le veut, madame, levez-vous.

Car vous n'avez rien fait pour vous mettre à genoux.

LOUIS.

Que signifie?

MOLIÈRE.

Oh! rien. — C'est... Fouquet, homme infâme,
Qui payait de votre or la vertu d'une femme.
Et sous vos propres yeux a fait cet attentat,
De corrompre nos mœurs...

(Le roi fait un mouvement.)

C'est un crime d'état!
Et cet homme... à présent, est dans une bastille;
Mais ce monde, ligué contre une pauvre fille,
Ce monde, qui m'écoute et que vous voyez là,
Savez-vous ce que vaut son honneur? — Le voilà.

(Il lui remet le portefeuille.)

LOUIS, reconnaissant le portefeuille de Fouquet.

Que vois-je!

MOLIÈRE.

Accordez-moi votre dernier suffrage.
(Se tournant vers la cour.)
Et vous, applaudissez, c'est mon dernier ouvrage.

LOUIS, avec le portefeuille ouvert dans ses mains.

Les lettres de Fouquet!

MOLIÈRE, triomphant.

Vous m'avez dit un jour,
Je te livre ma cour. — Je vous rends votre cour.
Pardon, j'ai travaillé jusqu'à ma dernière heure.
Sire, et je n'ai pas pu vous la rendre meilleure.
(Pendant que le roi parcourt le portefeuille.)
Une femme, une seule, a seule dédaigné...

(Le roi se retourne.)

Oh! lisez, c'est écrit, c'est public, c'est signé...
Quand toutes se vendaient aux fêtes de Belle-Isle,
Quand les mœurs de la cour débordaient sur la ville.

(Le roi se retourne encore et regarde La Vallière.)

Pardon, lisez, voilà les titres et les noms,
Des papiers de famille et de nobles maisons,
Des lettres, des billets, des placets, des suppliques,
Tout l'honneur de Paris mis en ventes publiques,
Et le seul mot écrit pour le respect humain,
Écrit par La Vallière et signé de sa main !
(Il montre du doigt la lettre de La Vallière au fond du portefeuille.)

LA VALLIÈRE, dans le ravissement.

Ah ! le ciel est donc juste !

MOLIÈRE, transporté, plein de santé.

Et maintenant, madame,
Je ne sais, je suis mieux, l'honneur m'a rendu l'âme.
Partez, partons ensemble...
(Il l'entraine et s'empare triomphalement du fond de la scène.)
(Le visage épanoui, à Bossuet.)
Ah ! monseigneur, adieu.

BOSSUET, dans l'admiration.

Et vous, soyez béni comme un enfant de Dieu.

LOUIS, à son médecin.

Vallot, sauvez ses jours ; voyez ce qu'il faut faire.
Vous répondez de lui, comme de notre frère.
(A Bossuet.)
Monseigneur, quel malheur pour la France et pour nous !
(A Mme de Soissons.)
Ah ! ne profanez rien, madame, taisez-vous !
(Il remonte la scène.)
Cette porte est fermée...

LA VALLIÈRE, défendant la porte.

Oh ! sire...

LOUIS.

Et je n'accorde...

LA VALLIÈRE.

Excepté pour les sœurs de la Miséricorde.
(Elle rejette son voile et son mantelet noir, et se dresse au fond du théâtre en
habit de Carmélite. Tout le monde recule et s'incline dans le respect.)

BOSSUET, qui est resté muet, voyant chanceler Molière, s'empare de la scène
à son tour; avec violence.

Cet homme va mourir; sire, auprès d'un mourant,
Je suis prêtre! — Et Dieu seul est roi, Dieu seul est grand!

LOUIS, retenant La Vallière.

Vous ne partirez pas...

BOSSUET, s'interposant.

Ce n'est plus La Vallière.

LA VALLIÈRE, sortant au fond.

Molière, ah! gloire à vous!

BOSSUET, devant Molière, stupéfait.

Cet homme, c'est Molière!

MOLIÈRE.

Molière, monseigneur... Un pauvre comédien.
A qui vous avez dit : Sois son ange gardien.
Ils ont trompé le roi. — C'est un complot infâme!
N'ayant pu la sauver, j'ai vengé cette femme.
(Il se dresse et lève la tête. Avec la conscience de lui-même.)
J'ai quinze ans de travaux et quarante ans d'honneur,
Et j'ai fait mon devoir, n'est-ce pas, monseigneur?
(La cour est consternée. — Bossuet reste immobile en face de Molière qui sort
heureux entre les bras des gens qui le soutiennent.)

FIN DU QUATRIÈME ACTE.

ACTE CINQUIÈME.

Un carrefour du vieux Paris à minuit. — Rues à gauche et à droite.— Au fond,
deux rues ouvertes aux deux angles de la place. — Echappée de vue sur toute
leur profondeur.—Au premier plan, à gauche, un réverbère, le seul qui éclaire
la scène. — Sous le réverbère une grande affiche apposée au mur.

SCÈNE PREMIÈRE.

SANTA FIOR , UN HOMME DU PEUPLE.

SANTA FIOR, en chausses, mantelet, justaucorps et barette de velours noir.
Il entre par la gauche et lit l'affiche.

Parbleu ! ce réverbère est plus haut que la lune...

(Il arrache l'affiche.)

Holà ! l'homme au fallot !

(A lui-même.)

Tu cherches la fortune...

Et moi je l'ai perdue.

L'HOMME DU PEUPLE, promenant son fallot par terre : à lui-même.

Et je n'ai rien trouvé.

SANTA FIOR, à lui-même.

Nous voilà tous les deux sur le même pavé.

A l'homme.

Approche !

L'HOMME, accourant.

Voilà.

SANTA FIOR.

Lève...

Il élève son fallot à hauteur d'homme. Santa Fior lit.

Ordonnance civile.

(Parlé.)

C'est très civilement... me chasser de la ville !

(Il lit.)

De par le roi, mandons à nos sergens, recors...
De prendre ..

(Parlé.)

C'est mon nom.

(Il lit.)

Saisissable et par corps.

(Parlé.)

Noms, prénoms, voilà bien toute la litanie.

(Il lit.)

Le lieutenant civil, signé, DE LA REYNIE.

(Parlé.)

Le proverbe a raison. — Enfin, je m'en repens
Trop tard... mais le rieur fait rire à ses dépens.
Allons, fortune, allons, voilà ton dernier voile.

(Il met l'affiche en morceaux.)

Voilà le dernier feu que jette mon étoile.

(Avec l'audace de Mascarille.)

(Il la brûle.)

Disgracié, chassé, dans la rue et sans pain,
En Scapin qui s'élève et retombe Scapin !

(Il se découvre de sa barette.)

Ah ! mon cher Poquelin, ô mon maître ! ô mon père !
Qui m'as mis dans la main le monde et la rapière,
Pour battre et fustiger sur ce théâtre humain
Les hommes trop petits qui tombaient de ta main,
Je partage ta gloire et ton ignominie,
Moi, ton fils, baptisé d'un nom de ton génie !
Allons, je suis encor Scapin de Montauban ;
Comme l'aigle, j'étends mes ailes en tombant.

(Il joue avec l'envergure de son manteau.)

Viens, mon bon mantelet; bien large, où s'enveloppe
Avec Scapin bouffon Molière misantrope.
Rien n'est fort, rien n'est grand, rien n'est roi comme nous,
Car l'ombre de Molière est encor là-dessous !

(Il se drape et se couvre tout entier.)

(A l'homme, qui le regarde s'agiter.)

Que fais-tu là, maraud ?

L'homme place son fallot sous le visage de Santa Fior.

L'HOMME.

Moi, rien ; je vous éclaire.

SANTA FIOR, à part.

Il a raison.

L'HOMME.

Je vais au convoi de Molière.
Vous n'avez plus besoin...

SANTA FIOR.

Qu'as-tu vu cette nuit ?

L'HOMME.

Vers le quartier du Louvre on fait beaucoup de bruit.

SANTA FIOR.

Tant mieux.

L'HOMME.

Molière est mort.

SANTA FIOR.

Je sais...

L'HOMME.

Un si brave homme !
(On entend des cris dans les rues.)
On crie, on court la rue, on bataille, on s'assomme.
Le peuple est à sa porte et demande son corps ;
Faut-il pas qu'on l'enterre avec les autres morts ?
On ne veut pas ; on dit qu'il nous faisait trop rire.

SANTA FIOR, impatienté.

Je sais...

L'HOMME.

Eh bien ! alors je n'ai rien à vous dire,
Et je m'en vas, bonsoir.

SANTA FIOR, à part.

Allons, je suis encor
Pour toute cette nuit marquis de Santa Fior.

(Des cris dans les rues. Des hommes qui traversent la scène avec des
flambeaux.)

L'HOMME.

Les voilà ! voyez-vous ? ils vont à Notre-Dame.

SANTA FIOR.

Molière, c'est ton peuple.

UN HOMME.

Arrière, arrière femme !

(Il fait ranger tout le monde. La foule se presse aux angles des rues pour voir
passer Molière, que le public ne voit pas.)

VOIX DANS LE PEUPLE.

Vive, vive Molière !

UNE VOIX.

Au pas, messieurs, au pas.

(Un silence religieux.

SANTA FIOR, se découvrant.

Mon pauvre Poquelin !

UNE VOIX.

Chapeau bas ! — chapeau bas !

(Toute la foule se découvre en scène.)

UN HOMME, dans un groupe à l'avant-scène.

Un brave homme, et ça meurt.

UN AUTRE HOMME.

Pauvre Molière !... et dire
Qu'il aura fait pleurer tous ceux qu'il a fait rire.

UN AUTRE HOMME.

Tout Paris !... quel cortège ! — Ah! c'est un beau tableau.

UN AUTRE HOMME.

Moi , j'ai vu La Fontaine !...

UN AUTRE HOMME.

Et moi j'ai vu Boileau !...

UN AUTRE HOMME.

Et moi Racine !...

UN AUTRE.

Et moi, Laforest, sa servante :
La pauvre vieille était plus morte que vivante.
Et les sœurs de Saint-Roch, et je ne sais combien
De pauvres du quartier...

UN AUTRE HOMME.

Il a fait tant de bien !

UN AUTRE HOMME.

Puisqu'il est comédien, la cour se scandalise.

UN AUTRE HOMME.

Mais puisque le roi veut qu'on l'enterre à l'église !
— Tant mieux ! Tiens, c'est-il pas des hommes, des acteurs ?
On l'enterre la nuit comme les malfaiteurs !

SANTA FIOR, ouvrant le groupe et le séparant.

Mes amis, vous avez raison, pour cimetière
Il faut à Poquelin la France toute entière.

TOUS, répétant ses paroles.

La France toute entière !

SANTA FIOR.

Ils ont tort.

TOUS.

Ils ont tort !

SANTA FIOR.

On veut le tourmenter, et jusqu'après sa mort?...

TOUS.

Après sa mort !...

SANTA FIOR.

L'orgueil, la sottise et l'envie,
L'ont fait mourir hélas ! pendant toute sa vie.

TOUS.

Pendant toute sa vie!...

SANTA FIOR, prenant un flambeau, qu'il renverse à terre.

Et comme ce flambeau
Ils l'ont éteint; et mort, il n'a pas de tombeau?...

TOUS.

Et pas un peu de terre!...

SANTA FIOR.

Après tout, c'est le nôtre;
C'est notre Poquelin, le mien comme le vôtre.
Ils disent qu'il était comédien? En effet,
Qu'est-ce que cela fait?

TOUS.

Qu'est-ce que cela fait!

SANTA FIOR.

Sans doute il nous disait à tous ce que nous sommes;
Et comme des enfans il châtiait les hommes.
Mais quand il démasquait tous les vices humains,
Comme on applaudissait, comme on battait des mains!

TOUS.

C'est vrai, vive Molière!

SANTA FIOR.

Eh quoi! l'on répudie
Poquelin pour avoir créé la comédie?
Et Corneille!...

TOUS.

Et Corneille!...

SANTA FIOR.

Et le vieux cardinal.
Qui conseillait Corneille, il faisait donc du mal?
Savez-vous ce que c'est?...

TOUS.

Voyons!...

(Ils se groupent autour de lui.

SANTA FIOR.

Les choses changent :
Le grand comédien tombe, et les petits se vengent.
Il faut aller trouver le roi...

TOUS.

Trouver le roi !

SANTA FIOR.

Et demander justice. — Il faut lui dire...

TOUS.

Quoi ?
Taisez-vous ! laissez donc parler.

SANTA FIOR.

Il faut lui dire :
Vous êtes un grand roi ; vous êtes juste, sire ;
Molière est votre ami, c'est vous qui l'avez dit,
Et vous l'avez aimé parce qu'ils l'ont maudit ;
Et vous avez montré, malgré vos gentilshommes,
Sire, que les grands rois sont frères des grands hommes.

TOUS.

C'est vrai : vive le roi ! vive Molière !

SANTA FIOR.

Alors,
Ordonnez que la France aura pitié des morts,
Et gardera six pieds d'une terre bénie,
Pour coucher dans sa gloire une homme de génie.

TOUS.

Vive Molière ! vive... Il faut aller crier :
On ne peut enterrer Molière sans prier !

(Ils sortent tous avec des cris de joie.

SANTA FIOR.

Allez, allez crier, pauvres fous que vous êtes,
Sans savoir ni le bien ni le mal que vous faites.
Et toi, mon vieux manteau, je reste pauvre et seul ;
Sois aussi mon manteau de gloire et mon linceul !
Viens, rentre dans la foule, et près de disparaître
Tu n'es que le valet ; viens, valet, suis ton maître.

(Il sort.)

SCÈNE II.

LOUIS, DE GUISE, DE MARCILLAC, LEURS AMIS.

(Ils entrent par la gauche, le manteau sur le visage et le chapeau sur les yeux.)

DE GUISE.

Elle a quitté le Louvre... abaissez vos chapeaux.
A minuit... attendez... j'aperçois des flambeaux !
    (Au roi.)   (A ses amis.)
Sire, ne dites rien, — la voilà. — Qu'on se taise.
   (Entre une chaise à porteurs à droite, suivie de gens armés de flambeaux.)
Arrêtez ! vous portez, messieurs, dans cette chaise,
Une femme ?

UN PORTEUR.

Une femme.

DE GUISE.

Où la conduisez-vous ?

LE PORTEUR.

Où nous la conduisons ? nous n'en savons rien, nous.

DE GUISE.

D'où venez-vous ?

LE PORTEUR.

Du Louvre.

LA VALLIÈRE, dans la chaise.

Oh ! n'arrêtez pas !

DE GUISE.

Dites.

Où la conduisez-vous?

LOUIS.

C'est elle !

LA VALLIÈRE, dans la chaise.

Aux Carmélites !

DE GUISE, avec autorité.

Ouvrez !

LE PORTEUR.

Je n'ouvre pas la nuit.

DE GUISE.

Je vous dis, moi,

D'ouvrir.

LE PORTEUR.

Je n'ouvre pas, quand vous seriez...

LOUIS, se découvrant.

Le roi.

Ramenez cette chaise au Louvre, je suis maître...

BOSSUET, sortant du groupe des hommes.

De tout, hormis de Dieu !

LOUIS.

Bossuet !

BOSSUET.

Moi, son prêtre ;

(Devant la chaise

Et vous m'écraserez du pied, si vous voulez,
Et contre tous les droits sacrés et violés !
Ce n'est donc pas assez, que vous faut-il encore?
Une femme honorée et que l'on déshonore,
Qui pleure sur sa faute et dit au monde adieu,
À qui rien n'est resté que le pardon de Dieu ;

Ce n'est donc pas assez que je vous avertisse
Que les rois ne sont rois que pour faire justice !

(Le roi fait un mouvement.)

Oh ! je vous l'ai prédit, maintenant, à genoux,
Faut-il vous demander justice contre vous ?
Maintenant le malheur est là, sans espérance,
Vous donneriez en vain la couronne de France,
Lorsque le mal est fait, pour tous les gens de bien,
Sire, le mal est mal, et le roi n'y peut rien.

LOUIS, avec violence à ses amis.

A moi, messieurs !

BOSSUET, s'interposant.

Un rapt ! Avant qu'on la dérobe,
Sire, brûlez ma Bible et déchirez ma robe.
Prenez ce que j'ai fait, et le peu que je vaux.
Jetez, foulez aux pieds ma vie et mes travaux,
Car je ne voudrais pas d'un ministère infâme
Qui ne peut pas défendre et qui livre une femme,
La nuit, dans une rue et morte entre mes bras,
A des hommes armés ...que je ne connais pas !

LOUIS, intimidé.

Monseigneur...

BOSSUET.

Et demain, on dira par la ville,
On dira qu'une femme est une chose vile,
Et qu'un prêtre inutile à faire son devoir,
N'a que son impuissance et que son désespoir !

LOUIS.

Monseigneur...

BOSSUET.

Et demain, si le dauphin de France
Me demande comment j'instruirai son enfance,
Je lui dirai : Brûlez vos livres et les miens,
Brûlez votre Plutarque et vos sages anciens,
Déchirez votre histoire et vos rois gentilshommes

Plus puissans que des rois, plus faibles que des hommes,
Et je déroberai cette page, à la fin,
Car je ferais rougir monseigneur le dauphin.
Sire, j'ai la parole inflexible et fatale,
Car mon devoir, voilà ma raison capitale.
Le monde veut tout faire, et voudrait tout nier,
Mais, enfin, Dieu le maître a raison le dernier.
Venez, madame...

LA VALLIÈRE, se détachant de Bossuet.

Non, je veux lui parler...
(Avec autorité.)
Sire,

(Se reprenant avec soumission.)
Sire, il me reste encor quelque chose à vous dire.
(A Bossuet.)
C'est tout haut, monseigneur, demeurez entre nous.
Sire, pour mes enfans, je vous parle à genoux,
Nous ne sommes pas seuls, c'est toute une famille,
Et tout mon déshonneur retombe sur ma fille.
Mes enfans n'ont rien fait; sire, qu'ils soient heureux!
Quand je prierai pour vous, je pleurerai pour eux.
Le monde jugera mes torts et non les vôtres,
Le monde, sans pitié quand il s'agit des autres,
Achève notre faute et l'augmente, en faisant
Des malheurs de la mère une honte à l'enfant!
Eh bien! je ne veux pas... je ne veux pas qu'on dise:
Elle a fait ce qu'ont fait les autres...

LOUIS, dérobant son attendrissement.

Non, Louise.

LA VALLIÈRE.

Je ne connaissais pas le monde ni la cour.
Comme je crois à Dieu, je croyais à l'amour,
Je le confesse ici devant toutes les femmes,
L'amour, c'est la plus noble erreur des belles âmes.
Celle qui nous élève... hélas! pour succomber,
Et le cœur le plus haut est plus près de tomber.

La leçon du malheur m'aura fait bon usage,
Je n'étais qu'ignorante et m'en retourne sage ;
Qu'on me jette la pierre, à présent, et demain,
J'irai porter à Dieu la pierre dans ma main.
Voilà le souvenir, sire, que je vous laisse,
Souvenir de courage et non pas de faiblesse,
Car je suis femme encor ; je n'ai pas tout perdu,
Et j'ai repris le cœur que vous m'avez rendu.

LOUIS.

Louise, vous allez savoir si je vous aime,
Je quitte, voulez-vous, nom, rang, pouvoir suprême,
Ce qui vous a trompée, et ce qui n'est pas moi,
Ce qui m'a fait ingrat, après m'avoir fait roi ;
Nous vivrons seuls à Blois, seuls, amant et maîtresse,
Seuls avec mon amour, seuls avec ta tendresse.
Je passerai ma vie à tes pieds...

LA VALLIÈRE.

Sire, adieu ;
Je n'ai plus qu'un amour, il appartient à Dieu.

BOSSUET, qui s'est éloigné pendant la fin de la scène.

Prenez garde ! voyez... des gens sur cette place...
(Le convoi entre par la gauche, au fond du théâtre.)

LA VALLIÈRE, effrayée.

Oh ! j'ai peur, monseigneur...
(Apercevant le cercueil, elle s'incline les mains jointes. Le convoi de Molière
remplit la scène et, pour la première fois, on voit le cercueil entouré de
flambeaux portés par la foule.)
C'est Molière qui passe !...
(Elle se jette aux genoux du roi.)
Louis, à deux genoux, — ce n'est pas pour moi, non,
C'est pour lui, c'est pour vous, c'est pour votre grand nom.

LOUIS.

Que voulez-vous de moi ?

LA VALLIÈRE.

Si vous m'avez aimée,

Oubliez notre amour pour votre renommée.
Molière à Saint-Joseph, La Vallière au couvent,
Seront ensevelis l'un mort, l'autre vivant.

(Le cercueil est arrêté en scène, et La Vallière s'est mise à genoux devant.

LOUIS, se tournant à gauche.

Qui va là ?

SANTA FIOR, enveloppé dans son manteau et dans l'ombre, dissimulant sa
taille et jusqu'à sa voix.

Je ne sais, quelque chose de sombre,
A genoux dans sa nuit et prosterné dans l'ombre,
Qui vous demande grâce, une dernière fois,
Pour son maître et pour lui...

LOUIS, reculant à droite, vers Bossuet.

Je connais cette voix,

Monseigneur...

BOSSUET, à droite, en suppliant.

Un couvent, sire, pour La Vallière !

SANTA FIOR, à gauche, en suppliant.

Un tombeau pour le roi des poètes, Molière.
Sire, il a tant souffert !

BOSSUET.

Sire, elle a tant gémi !

Elle était votre sœur.

SANTA FIOR.

Il était votre ami.

BOSSUET.

Elle a mis tout son cœur dans une amour loyale.

SANTA FIOR.

Il a glorifié votre amitié royale.

BOSSUET.

Les pauvres ont baisé la trace de ses pas.

10

SANTA FIOR, tombant à genoux, avec la parole étouffée.

Il m'a donné du pain, quand je n'en avais pas !
(Le roi passe sa main sur ses yeux pour essuyer des larmes.)

BOSSUET, à genoux.

Sire, permettez-moi...

SANTA FIOR, à genoux.

Sire, daignez permettre
(Louis les relève des deux mains sans pouvoir proférer une parole.)

BOSSUET.

Merci pour une femme.

SANTA FIOR.

Et merci pour mon maître.

LOUIS, dans toute sa dignité royale.

Ma parole est sacrée, et le roi, monseigneur,
Même quand il se trompe, est un homme d'honneur.
Bénissez ce cercueil ; Molière est un grand homme,
Aussi grand que tous ceux de la Grèce et de Rome ;
Il était au théâtre, il était comédien,
Mais, avant tout, Molière est un homme de bien.
Ce serait...
(Il tire son portefeuille, écrit dessus et déchire la page.)
Ce serait une honte future,
Qu'il m'eût donné sa gloire et fût sans sépulture.
Et puisque j'ai des torts, je veux les expier ;
Tenez.

BOSSUET.

Sire...

LOUIS.

Signez, après moi, ce papier.

BOSSUET.

Eh ! le puis-je ?

LOUIS.

Signez, car je veux qu'on connaisse
Que je sais réparer mes fautes de jeunesse.

LA VALLIÈRE, se jetant aux pieds de Bossuet.

Ah! monseigneur, signez, car il a combattu
Le mal, par le travail, le mal, par la vertu.
Oh! signez, monseigneur, car son âme est chrétienne,
Et jusque devant Dieu j'en réponds par la mienne.
Signez et bénissez, comme au pied de l'autel,
Dans une âme immortelle un génie immortel.

BOSSUET, ému.

Tenez, voilà.

(Il lui remet le papier signé.)

LA VALLIÈRE, lui baisant les mains.

Merci.

BOSSUET, dans l'admiration.

C'est une âme trop haute,
Dieu seul est assez grand pour y voir une faute.

LOUIS, en roi.

Et maintenant, chacun aura fait son devoir,
Il m'en reste un dernier... l'aimer sans la revoir.
(A ses amis.)
Messieurs, c'est une faute, et vous voyez les suites.

(Il se retourne à gauche.)

Molière...

SANTA FIOR, dans le convoi de Molière.

A Saint-Joseph!

LOUIS, se retournant à droite.

Louise!...

BOSSUET, dans le convoi de La Vallière.

Aux Carmélites!

(Les deux convois se croisent et s'éloignent au fond du théâtre, à droite et à
gauche. Le peuple suit, dans le recueillement. — Scène de nuit, le carrefour
est illuminé par les torches. — Molière et La Valière disparaissent à droite
et à gauche dans la foule. — Le rideau baisse.)

FIN.

MM. les Directeurs et les Artistes des départemens qui voudraient s'occuper des études de *La Vallière* sont priés de lire ces notes qui complètent, selon l'auteur, celles du texte.

Les quatre décors qu'exige la mise en scène de ce drame, sont dans toutes les administrations, excepté celui du troisième acte, que MM. les Directeurs peuvent modifier selon les exigences des localités.

Le premier décor, qui sert aux deux premiers actes, est un salon : il suffit qu'il soit de l'époque—1660—1672.

Le troisième décor, quatrième acte, est une salle carrée à double profondeur, coupée à son milieu de portes vitrées à jour fermant sur une galerie.

Le cinquième décor est un carrefour du vieux Paris ; il n'a besoin que d'une grande profondeur pour la perspective du convoi, qui ne doit être vu que de très loin, pour laisser à l'action du drame qui se poursuit, les premiers plans de la scène : le reste est au choix du Directeur.

L'auteur prie les Artistes qui seront chargés des rôles principaux, de se rappeler ce qu'il a dit dans sa Préface à propos de chaque caractère. Il les garantit vrais ainsi, d'après des études de quatre ans. Il n'a pas fait des visages ni des physionomies qui appartiennent à la comédie des mœurs, ce qui change ; mais il a voulu faire des hommes, ce qui ne change pas.

Louis XIV, à vingt ans, amant de Marie Mancini ou de Louise de La Vallière, l'est comme Saint-Preux de Julie. — Il n'y a que la différence du trône, et Louis n'y pensait même pas. Il eût mis Marie Mancini sur le trône comme il mit La Vallière dans le carrosse de la reine. L'Artiste qui sera chargé de ce rôle doit oublier le grand roi pour le jeune roi. Gentilhomme toujours, mais jeune homme toujours aussi, sa faute devient ainsi moins grave. L'auteur, à l'imitation de tous les grands maîtres de l'art, a voulu rendre la faute seule coupable et le coupable innocent ; l'Acteur doit interpréter ainsi le personnage.

Pour ceux qui trouveraient le caractère de Louis XIV ou trop passionné ou trop colère, ils sont priés de se rappeler qu'il n'a rien fait depuis sa majorité de quatorze ans, qui ne soit ni colère ni passionné. Est-il méchant ? Non. — il n'est qu'égoïste. — Est-il coupable de l'être? Non encore: c'est ainsi que les hommes et même les femmes l'ont fait, la nature aidant beaucoup.

Sa politique est vraie. Louis XIV a fait de ses gentilhommes, que Molière redresse si bien, des comtes *de sa chambre à coucher*, comme François Ier en avait fait des comtes *de ses étables*. — Ce n'est pas là de l'histoire d'opposition faite pour passionner de mauvaises rancunes. Saint-Simon, le plus gentilhomme de tous les historiens, dit qu'il envoyait mourir les cadets de famille aux guerres de Flandre, pendant qu'il obligeait les pères à se ruiner en frais de représentations aux fêtes de Versailles.—Il avait raison ainsi des châteaux et des châtelains. Ses souvenirs de la Fronde étaient encore chauds, et si le canon de la Bastille avait *tué le mari de Mademoiselle*, il n'avait pas tué le roi qui ne l'a jamais oublié.

Molière, s'il n'est pas son instrument, comme il est permis à la poésie de le dire, il est son second à la distance que vous voudrez, et il l'aide. — On ne juge pas l'histoire après coup sans doute ; mais il faut conclure, pourtant, ou l'histoire n'a pas d'enseignement et n'est plus l'histoire.

Louis XIV, par la disgrâce ne Fouquet, l'homme du parti vaincu, et l'élévation de Colbert, le commis de Mazarin, fait un coup d'état ; il pensionne les hommes de lettres, quand il obère les états des provinces et ruine sa noblesse, il fait une révolution. — C'est l'esprit public qu'il élève en face des partis politiques, et si les lettres sont pour lui, c'est qu'en effet il est pour elles. Eh bien ! personnifiez cet esprit naissant dans Molière ; mettez-le en face de la Fronde et *des frondeurs devenus courtisans*, et vous verrez comme le poète fera rire le roi.

La situation est telle au banquet du troisième acte ; le chevalier de Guise, de la maison de Lorraine, est le petit-neveu des ligueurs qui ont fait assassiner deux rois de France, Henri III et Henri IV.—Henri IV, le grand-père de Louis XIV ! Le prince de Marcillac est le fils de l'auteur des *Maximes*, le frondeur amoureux qui, pour une femme, la duchesse de Longueville, avait, dans l'émeute de Condé au faubourg Saint-Antoine, tiré sur le carrosse du roi, âgé de dix ans, et qui s'en vantait dans ces vers, que Molière et le roi savaient comme nous :

> Pour plaire à ses beaux yeux,
> J'ai fait la guerre aux rois, je l'aurais faite aux dieux.

Voilà la Ligue et voilà la Fronde ; chargez Benserade d'habiller Guise et Marcillac en grotesques, l'un en *Aquilant-le-Noir*, et l'autre en *Guidon-le-Sauvage* ; la Ligue et la Fronde étaient odieuses, les voilà ridicules. Que reste-t-il à dire à Molière ? la vérité : et qu'ai-je fait ? de l'histoire.

Mais cela ne s'est pas passé ainsi ; hélas ! ni *l'Iliade* ni *le Paradis*.
perdu.

Mais l'étiquette? Je dirai de cette étiquette-là ce que Rabelais disait
de l'autre : « Ne regardez pas le dessus de la boîte, regardez le fond. »

Je n'ai supposé qu'une situation dramatique, tout l'esprit en est
vrai, très vrai, très historique. Louis XIV, roi, pense tout ce que dit
Molière, poète. Si quelques savans lecteurs de Le Ragois en doutent,
je n'ai plus qu'une raison à leur donner, c'est que j'y étais, comme
Pythagore était au siége de Troie.

Quant au caractère de Molière, il est doux, bon, résigné, parce qu'il
est fort ; irritable, parce qu'il souffre, et sensible jusqu'aux larmes ;
honteux des mœurs de son foyer, jusqu'à garder ses blessures profondes, et par là tout d'indignation contre les mœurs publiques, qui ont
gagné jusqu'à sa couche. L'homme public doit paraître partout autant
que l'homme privé doit se dérober, si l'on veut faire de Molière un poète
et non un mari ; c'est là l'intention de l'auteur, que Frédérick-Lemaître a traduite avec une puissance sans égale.

Le quatrième acte surtout exige que l'acteur en soit bien pénétré.
Molière disparaît dans la scène finale ; le public ne voit plus que le juge
qui fait justice de tout le monde.

> Mon siècle est dans mes mains, et, comme ces papiers,
> Je voudrais en lambeaux le mettre sous ses pieds.

Ces deux vers, qu'il dit en montrant La Vallière à genoux, donnent le
ton de toute la scène.

Molière arrive en scène dans le plus grand désordre : délire, mais
délire froid et intelligent qui lui laisse toute sa raison :

> Je ne suis pas malade, allez, la tête est bonne.

il vient de jouer ; l'exaltation de la représentation et tout ce qui la pré-
cède suffisent. L'organisation de Molière explique son caractère ; la situation s'explique elle-même ; le poète juge le roi devant le prêtre ; on
ne peut pas faire Molière trop grand. — Depuis l'entrée du roi, il est
debout, au milieu de la cour, entre le roi et Bossuet

> Nous sommes au parquet,
> Où votre parlement a condamné Fouquet...
> Monseigneur, quelles sont les peines de l'Eglise,
> Pour la honte publique et qui nous scandalise...
> Dieu permet aux mourans toute vérité, Sire,
> Et Votre Majesté m'a permis de tout dire.
> . . . . Madame, levez-vous,
> Car vous n'avez rien fait pour vous mettre à genoux.

Il est maître de toute la scène et tient tout le monde en échec ·

> . . . . Et maintenant, madame,
> Je ne sais, je suis mieux ; l'honneur m'a rendu l'âme.
> Partez, partons ensemble...

Toute la scène est faite pour aboutir à ce triomphe de Molière et de La Vallière. Molière, homme de bien et de justice, inspire l'admiration ; Molière mourant n'aurait que la pitié ; — toute la scène est d'action, l'agonie de Molière n'en serait pas, — il ne doit pas mourir en scène, l'histoire ne le veut pas, l'auteur encore moins. Frédérick Lemaître a fait sortir de cette situation ses inspirations les plus profondes.

Santa Fior n'est pas un caprice, c'est une étude; il n'est pas un Scapin, c'est un homme que Molière a trouvé à Montauban, et qui se transforme suivant le personnage que le monde lui fait jouer. Pendant quatre actes, il est le *marquis de la Critique de l'Ecole des femmes*. Au dernier acte, il est Mascarille ; *mascarillus imperator !* Ces doux souvenirs de Molière suffisent à l'acteur qui jouera le rôle.

Mlle de La Vallière est assez connue par sa légende; cependant l'auteur a cru devoir lui ôter de sa monotonie et la faire sortir du roman pour la mêler à l'action de la comédie et à la passion du drame. Les situations éclairent mieux les personnages que tous les récits possibles. L'actrice qui jouera ce rôle fera bien de lui garder toute sa modestie et toute sa retenue; mais suivant la situation (celle du 4e acte par exemple). La Vallière doit être blessée, honteuse, violentée dans ses pudeurs, et, par là même, fière, haute; et ce que sont les femmes les plus timides, qui ont tous les courages, excepté celui de la honte.

Le personnage de Bossuet, que l'auteur n'aurait pas hasardé dans un drame, s'il n'avait été sûr de ses intentions, doit garder jusque dans la parole, le ton d'inflexible raison qui est celui de tous ses écrits; il est abbé au commencement du drame, à la fin il est monseigneur de Comdon; au 5e acte, il ferme majestueusement l'action; c'est le drame religieux qui vient éclairer le drame humain. Bossuet, au nom de la morale de tous les hommes, doit frapper qui que ce soit, le roi lui-même, sans conditions—(qu'on se rappelle Fenélon !). Bossuet, c'est le Joad, il ne voit que sa religion et sa morale qui ne transige pas, et bien plus que Joad, il n'a besoin ni de *boucs* ni de *génisses*. Ces personnages sacrés, introduits dans les œuvres d'art ne s'y profanent pas, ils les purifient; les anciens croyaient honorer leurs pontifes en les mêlant aux solennités des représentations scéniques. L'art dramatique a été long-temps enfermé dans l'intérieur des temples, et quand il en est sorti, en Egypte, en Grèce, à Rome même, le grand-prêtre l'a suivi comme pour le protéger. La tragédie n'a jamais existé sans un augure ou sans un sacrilicateur. L'inextricable des passions humaines, qui fait les nœuds de toutes les tragédies, a besoin d'une intervention autre qu'un poignard pour ses dénoûmens. Un poignard tranche et ne dénoue rien; Sophocle, après les lamentations du chœur du peuple d'Athènes, sur la *sévère nécessité*, quand il ne sait plus que résoudre, suspend son action, et les *hommes vont consulter les dieux*. Jusqu'à Racine, notre Sophocle chrétien, malgré toutes les catastrophes de l'action dramatique,

> Les méchans dans le ciel ont un juge sévère,
> L'innocence un vengeur et l'orphelin un père.

Nobles et divines inspirations du cœur qu'il faut se rappeler au moins, quand on ne peut plus les imiter. Ne nous déshéritons pas nous-mêmes de ce que le théâtre a eu de sacré chez tous les peuples de la terre. Il n'y a qu'une société dont les législateurs font des lois qui se passent de Dieu, où l'on puisse demander aux poètes des arts qui se passent des pontifes.

www.ingramcontent.com/pod-product-compliance
Ingram Content Group UK Ltd.
Pitfield, Milton Keynes, MK11 3LW, UK
UKHW021626170726
13836UKWH00005B/2070